ବୀଜବପନ

ବୀଜବପନ

ବୀଣାପାଣି ଦେବତା

ବ୍ଲାକ୍ ଈଗଲ୍ ବୁକ୍ସ
ଭୁବନେଶ୍ୱର, ଓଡ଼ିଶା

BLACK EAGLE BOOKS
Dublin, USA

ବୀଜବପନ / ବୀଣାପାଣି ଦେବତା

ବ୍ଲାକ୍ ଈଗଲ୍ ବୁକ୍ସ : ଭୁବନେଶ୍ୱର, ଓଡ଼ିଶା ● ଡବ୍ଲିନ୍, ଯୁକ୍ତରାଷ୍ଟ୍ର ଆମେରିକା

BLACK EAGLE BOOKS

USA address:
7464 Wisdom Lane
Dublin, OH 43016

India address:
E/312, Trident Galaxy, Kalinga Nagar,
Bhubaneswar-751003, Odisha, India

First published in 2010

E-mail: info@blackeaglebooks.org
Website: www.blackeaglebooks.org

First International Edition Published by
BLACK EAGLE BOOKS, 2023

BIJABAPANA
by **Dr. Binapani Debta**
Cell-8777096431
Email: binapanidebta@gmail.com

Copyright © Dr. Binapani Debta

All rights reserved. No part of this publication may be reproduced, stored in a retrieval system, or transmitted, in any form or by any means, electronic, mechanical, photocopying, recording or otherwise without the prior permission of the publisher.

Cover : **Arup Saha**
Interior Design: Ezy's Publication

ISBN- 978-1-64560-463-1 (Paperback)

Printed in the United States of America

ଉତ୍ସର୍ଗ

ବୁଢୀମା :
ତୁମ୍ଭର କାହାଣୀ ଅପେକ୍ଷା କରେ
ପ୍ରତିଟି ମୋଡ଼ରେ
କ୍ଲାନ୍ତ ଫୁଟପାଥରେ
ବାଘଛାଲ ପ୍ରିଣ୍ଟ ଫ୍ରକ ଝୁଲୁଥାଏ
ତୁମ୍ଭର ଅଭାବୀ ହାତ
ଯାହା ମତେ ପିଂଧାଇ ପାରିନି
ତିରିଶ ବର୍ଷ ତଳେ ।

ବୁଢାଦାଦା :
କ୍ଷେତହିଡ଼ ଦେଇ
ତୁମ୍ଭ କାଂଧରେ ଚଢି
ରଥଯାତ୍ରା ଦେଖିଯାଉଥିଲା ଯେ ଶିଶୁଟି
ପ୍ରତିଟି ମେଳାରେ ଆଜିକାଲି
ସେ ଘୂରିବୁଲେ
ବେଲୁନବାଲା ପଛରେ
ଦୌଡୁଥିବା ବୟସ ନେଇ ।

ଭୂମିକା

୧୯୯୦ରେ ଜ୍ୟୋତିବିହାର ଓଡ଼ିଆ ବିଭାଗକୁ ଆସିଲି ଓ କବିତାମାନଂକୁ ଡାଏରୀ ପୃଷ୍ଠାଠାରୁ ଅଲଗା କରି ଦେଖି ଶିଖିଲି। ଏତେଦିନ ମୋର ଡାଏରୀ ପୃଷ୍ଠା ଥିଲା ନିଜ ସହ, ପୃଥିବୀର ଗଛ ବୃଛ, ଲୋକବାକ ସହ କଥାଭାଷା। ବିଚ୍ଛିନ୍ନ କରି ଶୀର୍ଷକ ଦେଲା ପରେ ତାହା ହେଲା ମୋର କବିତା। ୧୯୯୨ରେ ସମ୍ବଲପୁରରେ ମଂଚ ଉପରେ କବିତା ପାଠର ଆନଂଦରେ ଦୁଇଦିନ ଧରି ଲେଖିଥିବା ଦୁଇଟି କବିତା ସତଗପ ଓ ବିଲ୍ୱମଂଗଳ ପଢିଥିଲି। ସାମ୍ନାରେ ବସିଥିବା ବୟସ୍କ ଭଦ୍ରବ୍ୟକ୍ତି ଜଣେ ମତେ ଡାକି ପଚାରିଲେ ଘର କେଉଁଠି, କଣ ପଢୁଛ ? ମୋର କବିତାର ପ୍ରଶଂସା କରି ଅନ୍ୟମାନଂକୁ ଶୁଣାଇଲେ ମୋର ଭବିଷ୍ୟତର ସମ୍ଭାବନା। ପାଖରେ ଠିଆ ଜଣେ ପରିଚୟ କରେଇଲେ, ଇଏ ହେଉଛଂତି ବେଣୁଧର ରାଉତ।

ମୁଁ ଅବାକ, ମୁଁ ଅଭିଭୂତ। ପିଂଗଳା ଓ କାଠଘୋଡ଼ାର କବି ମୋର କବିତା ଶୁଣୁଥିଲେ। ମତେ ସେ ଉପଦେଶ ଦେଲେ ପତ୍ରିକାମାନଂକୁ କବିତା ପଠେଇବାକୁ। ପରଦିନ ଶ୍ରେଣୀକକ୍ଷରେ ଆଦିକଂଦ ସାର କହିଲେ ତାଂକର ଗୁରୁ ବେଣୁଧର ରାଉତ ମୋ କବିତାର କେମିତି ଉଚ୍ଛ୍ୱସିତ ପ୍ରଶଂସା କରିଛଂତି।

କବି ହରପ୍ରସାଦ ଦାସ ଅମୃତାୟନ ନବପର୍ବରେ ମୋର କବିତାଗୁଡ଼ିକ ସ୍ଥାନିତ କରି ସମୀକ୍ଷା ଲେଖିଥିଲେ। ଏହି ଦୁଇ ବରେଣ୍ୟ କବିଂକୁ ଆଦ୍ୟ ପ୍ରେରଣାଦାତା ରୂପେ ପ୍ରଣାମ ନିବେଦନ କରୁଛି।

କବିତା ଜୀବନ ମତେ ଦେଇଥିବା ଶ୍ରେଷ୍ଠ ଉପହାର। କବିତା ତ ସେଇ କୁହୁକ ଯାହାଦ୍ୱାରା ମୁଁ ଏକାସଂଗେ ଛୁଇଁପାରିଛି ମୋର ଜନ୍ମମାଟି ଓ ମହାପୃଥିବୀକୁ। କବିତା ନଥିଲେ ଏତେ ଅନିଶ୍ଚୟତା, ଅସହାୟତା, ଅସଫଳତା ଭିତରେ କେମିତି ଚାଲିଥାଂତି ପୃଥିବୀର ବାଟ, କାହା ଉପରେ ଦୃଢ କରି ଥାପିଥାଂତି ବେଳେବେଳେ ଧସି ପଡୁଥିବା ମୋର ଅସ୍ତିତ୍ୱ। କେମିତି ପାଇଥାଂତି ପ୍ରବାସକୁ ନିଜ ବାସ ପରି ଭୋଗିବାର ସୁଖ, ଶାଂତିନିକେତନ ଓ ମହାନଗରୀ କଲିକତାରେ ଏତେ ବଂଧୁ ଓ ସ୍ୱଜନବର୍ଗ।

ଏଇ କବିତା ସବୁ ମୋର ଜନ୍ମଭୂମି, ମାତୃଭାଷା ପ୍ରତି ଋଣସ୍ୱୀକାର। ଏଇ ମାଟିର ଦୃଢତା, ଏଇ ପବନର ମନ, ଏଇ ଜଳର ନିରାମୟପଣ ମତେ ଆଖି ଦେଇଛି, ଦେଖିବାକୁ ଭିତର ବାହାର। ଏଇ ଋଣ ପରିଶୋଧ ପାଇଁ କିଛି ତ ନାହିଁ ମୋର ହାତରେ ଶବ୍ଦ ଛଡ଼ା। ତେଣୁ ମୋର ଅଂଗୀକାର, ମୋର ସ୍ନେହକୁ ବୀଜରେ ପରିଣତ କରି ବପନ କରି ଚାଲିଛି ଏଯାବତ। ମୋ ଜନ୍ମଭୂମିର ସ୍ନେହ ପରି ତା ଅସରା। ସୀମାବଦ୍ଧ ହୋଇନାହିଁ ନିର୍ଦ୍ଦିଷ୍ଟ ଭୂମିରେ, ଭାଷାରେ, ସୀମାରେଖାରେ, ସମୟ ସୀମାରେ। କୋଡ଼ିଏ ବର୍ଷ ଧରି ମୋର ଦୃଷ୍ଟିକୋଣ ବହୁଭାବେ ବଦଳିଛି। ଖାଲି ବଦଳି ନାହିଁ ମୋର ସ୍ୱପ୍ନଦେଖା ଚରିତ୍ର, ସାରା ପୃଥିବୀକୁ ଛୁଇଁବାର ଆକୁଳତା, ମୋର ଜନ୍ମମାଟି, ପାଣି ପବନ ପରି ସରଳ ମୋର ଲୋକବାକଂକୁ ନିଜ ଭିତରେ କୁଣ୍ଢେଇ ଧରି ରଖିବାର ସ୍ପର୍ଶାତୁରତା। ସାଦାସିଧା ଜୀବନରେ ବହୁଥିବା ଆନଂଦର କାଦମ୍ବରୀର ସ୍ପର୍ଶ ଓ ସୁବାସ ପାଇଁ କାଂଗାଳ ହାତ ମୋର ଚିର ପ୍ରସାରିତ।

ମୋର ମାଟିର ପରମ୍ପରା, ମୋର ଅଗ୍ରଜ କବିମାନଂକୁ ମୋର ପ୍ରଣାମ। ମୁଁ ସେମାନଂକଠାରୁ ଶିଖିଛି କବିତାର ବର୍ଣ୍ଣମାଳା। ସମସାମୟିକ କବିମାନଂକୁ ମୋର ଧନ୍ୟବାଦ। ସେମାନଂକଠାରୁ ପାଇଛି ପ୍ରେରଣା। ଭବିଷ୍ୟତର କବିଂକ ସମ୍ଭାବନାରେ ମୁଁ ପୁଲକିତ। ସେମାନକ ହାତରେ କବିତାର ଭବିଷ୍ୟତ।

ଏଇ କବିତାମାନ ୧୯୯୦ରୁ ୨୦୦୯ ମଧ୍ୟରେ ରଚିତ ଓ ପ୍ରକାଶିତ। ଅଧିକାଂଶ କବିତା ମୋ ଛାତ୍ରୀ ଜୀବନର ଲେଖା। ଡାଏରୀ ପୃଷ୍ଠାରେ ତାରିଖ ସହ ଲେଖାଥିବାରୁ ସମସାମୟିକ ଘଟଣାମାନ ମନେ ପଡ଼ି କଷ୍ଟ ଦିଏ। କାହିଁ କିଛି ତ ବଦଳିଲା ନାହିଁ ପୃଥିବୀରେ ? ଛାତ୍ରୀର ନିରୀହ ବିସ୍ମିତ ଆଖି ଯୁଦ୍ଧ, ରକ୍ତପାତ, ଧର୍ଷଣ, ମାନଚିତ୍ରରେ କାଲି ବୋଲିଥିବା ଯେଉଁ ଉଦ୍ଭ୍ରାଂତ ସମୟ ପ୍ରତ୍ୟକ୍ଷ କରିଥିଲା ଏବେ ଧୀରେଧୀରେ ସେଥିରେ ଅଭ୍ୟସ୍ତ ହୋଇଉଠୁଛି କେମିତି ? ଅନେକ ଥର କବିତାର ଅସଫଳପଣରେ ମୁଁ ତାଠାରୁ ଫେରେଇ ନେଇଛି ମୁହଁ। କିଂତୁ ନିଜେ ଅଣନିଃଶ୍ୱାସୀ ହୋଇଛି। କବିତା ମୋର ଅମ୍ଳଜାନ। ଭିତର ବାହାର ଯୁଦ୍ଧ ଲଢିବା ପାଇଁ କବିତା ମୋର ଅସ୍ତ୍ର।

ସୃଜନ ରହସ୍ୟ ପାଖରେ ମୁଁ ନତଜାନୁ। ଜାଣେ ନାହିଁ, କେମିତି କଠିନ ପ୍ରତ୍ୟାଖ୍ୟାନ ଭିତରୁ ଉତ୍ସାରିତ ହୁଏ ଗଭୀର ପ୍ରେମର କବିତା। ପ୍ରଚଣ୍ଡ ହତାଶା ଭିତରେ ଜୀବନ କେଉଁ ଖଂଜରେ ଲେଖାଇ ନିଏ ଏତେ ଅଶାର କଥା। ମୁଁ ଅଟକିବାକୁ ଚାହିଁଛି ଖାଲି ପ୍ରତିଟି ଲୁହବୁଂଦା ପାଖରେ। ଧରିବାକୁ ଚାହିଁଛି, ବାସ୍ତୁଚ୍ୟୁତ, ପରାଜିତ, ନିରାଶ୍ରୟ ଲୋକଂକର ହାତ। ପାରିନି ବୋଲି ମୁଁ ଲଜ୍ଜିତ। ତେବେ ମୋର କବିତା ପାରିବ।

କହିଛି ତ, କୋଡ଼ିଏ ବର୍ଷ ଭିତରେ ଅନେକ କିଛି ବଦଳିଛି। ଖାଲି ବଦଳିନି ମୋର ସ୍ୱପ୍ନ ଦେଖା। ମାଟି ମତେ ଦେଇଛି ସ୍ୱପ୍ନ ବୁଣିବାର ଭୂମିକା।

ଝଂକାର, ସପ୍ତର୍ଷି, ଇସ୍ତାହାର, ଅମୃତାୟନ, ପ୍ରତିବେଶୀ, ସୁଚରିତା, ସମାବେଶ, ଅନ୍ୟା, ଲେଖା, ଝର୍କା, ସାବିତ୍ରୀ ଆଦି ପତ୍ରିକା ଲେଖା ପ୍ରକାଶ କରିଥିବାରୁ ସମ୍ପାଦକମାନଂକୁ ଧନ୍ୟବାଦ।

ମୋର ଅନ୍ୟମନସ୍କତା ଭୁଲାପଣ ସତ୍ତ୍ୱେ କବିତାଗ୍ରଂଥ ପ୍ରକାଶ ପାଉଥିବାର ଶ୍ରେୟ ମୋର କବିତାପ୍ରେମୀ ଶ୍ରୋତା ଓ ପାଠକ ବଂଧୁମାନଂକୁ ଦେବି। ଅନେକ ଲେଖକ ଓ ଅଜସ୍ର ପାଠକଂକର ସ୍ନେହ, ଶୁଭେଚ୍ଛା ପାଖରେ ମୁଁ ଋଣୀ।

ବୀଣାପାଣି ଦେବତା

(ଭୂମିକା, ପ୍ରଥମ ସଂସ୍କରଣ, ପ୍ରବାହ ପ୍ରକାଶନୀ, ୨୦୧୦)

କବିତାର କଥା

ମୋର ପ୍ରଥମ କବିତା ସଂକଳନ ବୀଜବପନର ଦ୍ୱିତୀୟ ସଂସ୍କରଣ ତେର ବର୍ଷ ପରେ ବାହାରିବା ବେଳକୁ ଅଭୂତ ଏକ ଭାବାବେଶ ଭିତରେ ମୁଁ ଆଚ୍ଛନ୍ନ ହେଇ ରହିଛି। କବିତା ସ୍ୱୟମ୍ଭୂ, ନିଜେ ନିଜକୁ ମାନୁଷୀ ଆଧାରରେ ଜାତ କରେ ବୋଲି ମୁଁ ବିଶ୍ୱାସ କରି ଆସିଛି। ପ୍ରକୃତି ଯେମିତି ସମସ୍ତଙ୍କର କିଂତୁ କାହା କାହାର ପ୍ରାଣର ଉଦ୍ବୋଧନ କରେ ସେମିତି କବିଆତ୍ମା ପାଠକ ପ୍ରାଣ ମଧ୍ୟରେ ପ୍ରବେଶ କରି ସଂଚାରିତ ହୁଏ। ବିଶ୍ୱାତ୍ମା ଯେ ସକଳ ପ୍ରାଣରେ ନିବାସ କରଂତି ଭଲ କବିତାର ଆଦର ତାକୁ ଆହୁରି ଥରେ ପ୍ରମାଣିତ କରେ।ବୀଜବପନ କବିର ନିରୀହ ଉଦାସୀନ ସମୟର ବର୍ଣ୍ଣମାଳା। ଚାରିପାଶର ସବୁକିଛିକୁ ବିସ୍ମିତ ଆଖିରେ ଦେଖୁଥିବା କବିର ବାଲ୍ୟକାଳ। କବିତାର ଅସୀମ ସମ୍ଭାବନା ଓ ସଦର୍ଥକତାକୁ ଦେଖି ପାଠକ ସହ ଭାଗ କରିନେବାର ସମୟ। ସଂଚାରିଣୀ ଦୀପଶିଖାର ଆଲୋକ ପରି ଉଦବୁଦ୍ଧ କବି ଓ ପାଠକ ହାତକୁ ଓ ହୃଦୟକୁ ସଂଚରିଯାଇଛି ମୋର ଅଜ୍ଞାତରେ। ଏଇ ତେରବର୍ଷ ଭିତରେ କେତେ ଯେ ପାଠକ ତାଂକ ଅନୁଭୂତି ଭାଗ କରି ନେଇ ଅକାଳ ଦୀପାବଳି ଭଳି ମୋର ସମୟକୁ ଆଲୋକିତ କରିଛଂତି। ନହେଲେ ଓଡ଼ିଶାଠାରୁ ଦୂରରେ ଥାଇ କବିତାର ଗୋପନ ବଳୟ ଭିତରେ ଆତ୍ମଗୋପନ କରିଥିବା ମତେ କେମିତି ଖୋଜିନେଇଛଂତି ଦୀକ୍ଷିତ ସାହିତ୍ୟ ପାଠକମାନେ। ଓଡ଼ିଆ କବିତାର ସଂକଟ, ପାଠକ ଓ ସତ୍ ଗ୍ରାହକତାର ଅଭାବ ଭଳି ଆଲୋଚନା ଶୁଣୁଥିବା ବେଳେ ବୀଜବପନର ବିପୁଳ ପାଠକୀୟତା ମତେ ଓଡ଼ିଆ କବିତାର ଭବିଷ୍ୟତ ସମ୍ପର୍କରେ ଆଶାବାଦୀ କରାଏ।

ଟେକ୍ନୋଲୋଜି ପ୍ରତି ଭୟ ଥିବା କାରଣରୁ କି କଣ ମୁଁ ହ୍ୱାଟସଅପ, ଫେସବୁକକୁ ଆସିଛି ଖୁବ ଡେରିରେ। ଗତ ପାଂଚବର୍ଷ ହେଲା ମୁଁ ଫେସବୁକକୁ ଆସି ଦେଖିଛି ଅନେକ ଆଗରୁ କେମିତି ଆମର କବି, କଥାକାର, କବିତାର ଅସଲି ଗ୍ରାହକମାନେ ସତ୍ କବିତାକୁ ଲୋଡ଼ିଛଂତି। ପତ୍ରିକାମାନଂକରେ ବାହାରିଥିବା ମୋର

କବିତା ନିଜ ଫେସବୁକରେ ଦେଇ ତାର ବିଭିନ୍ନ ଦିଗ ଦେଖେଇଛଂତି ନିଷ୍ଠାବାନ ପାଠକମାନଂକୁ। ସହ ଲେଖକଂକ ଏଇ ପାଠକତ୍ୱ ମତେ ଆଶ୍ଚର୍ଯ୍ୟ କରିବା ସହ ଋଣୀ କରିଛି।

ସତ୍ କବିତାକୁ ସବୁବେଳେ ଲୋଡୁଥିବା, ଦେଖି ଦେଖାଉଥିବା କବି ଅରୁପାନଂଦ ପାଣିଗ୍ରାହୀ ତାଂକ ନିର୍ବାଚିତ ଶହେ କବିତା ଭିତରେ ମୋର ଅନେକ କବିତା ସ୍ଥାନ ଦେଇଛଂତି। ଭଲ ଓଡ଼ିଆ କବିତାର ଏକନିଷ୍ଠ ଭକ୍ତ କବି ଅରୂପାନଂଦ ଅନେକ କବିଂକର ପ୍ରେରଣାଉତ୍ସ। ତାଂକର କବିତା ନିଷ୍ଠା, ପାଠକୀୟତା ପାଇଁ ଅଜସ୍ର ଶ୍ରଦ୍ଧା। ମୋର ଶୀତରାତି କବିତାକୁ ଶହେ ବର୍ଷର କବିତାରେ ସ୍ଥାନ ପାଇବା କଥା ବୋଲି ମତ ଦେଇଛଂତି। ଶୀତରାତି ମୋର ଯେତେଦୂର ମନେ ପଡୁଛି କୌଣସି ପତ୍ରିକାରେ ପ୍ରକାଶ ପାଇଥିଲେ ବି ମୋର ହସ୍ତଗତ ହୋଇନଥିଲା। ତଥାପି ଶୀତରାତି କବିତାକୁ ମୁଁ ବୀଜବପନରେ ସ୍ଥାନ ଦେଇଥିଲି କାରଣ ସ୍ୱପ୍ନ କେଂଦ୍ରିକ ଏଇ କବିତାଟି ଏହି ସଂକଳନ ପାଇଁ ଶତକଡ଼ା ଶହେ ଅଭିପ୍ରେତ ଥିଲା।

ବୁଣାକାର କବିତାଟି ଅନୁବାଦ କରିବା ବେଳେ କବି ଅରୂପାନଂଦ ଜାଣିବାକୁ ଚାହୁଁଥିଲେ ଲୁଗାବୁଣାଳୀଂକ ବୟନ କଳାରେ ମାଛ, ଶଂଖ, ଦୀପାନ୍ୱିତା ବାଳିକା, ଦର୍ପଣରେ ମୁହଁ ଦେଖୁଥିବା ନାରୀ ଚିତ୍ର ଅଛି ନା ଏହା ମୋର କଳ୍ପନା କଳା କେବଳ। ସମ୍ବଲପୁରୀ ବୁଣାଲୁଗାରେ ସେସବୁ ଚିତ୍ରର ଫଟୋ ଉଠାଇ ପଠାଇବା ବେଳେ ମୁଁ ଆଉ ଥରେ ମୋର କବିତାର ପାଠକ ହୋଇଯାଇଛି, ମୋ ଜାତିର ଜୀବନ ଶୈଳୀର ପ୍ରଶଂସକ। ମୁଁ ବୁଝିଛି, କବିତା ଯେତିକି କବିର ତାଠାରୁ ଆହୁରି ବେଶୀ ତା ଭୂମିର କୃଷକ, ବୁଣାକାର, କୁମ୍ଭାର, କମାର, ମୂର୍ତ୍ତିକାର, ମାଳୀ, ମାଳିନୀ, ପ୍ରତିବାଦୀ, ସମାଜକର୍ମୀ, ଝାଳରକ୍ତ ନିଗାଡ଼ି ପରିବାରରେ ଫୁଲ ଫୁଟାଉଥିବା ଗୃହିଣୀମାନଂକର ମଧ୍ୟ।ଏମାନେ ମତେ ସେମାନଂକ କଥା କହିବାକୁ ବାଛିଛଂତି ବୋଲି ମୋର କୃତଜ୍ଞତା ପ୍ରକାଶ କରୁଛି।

ବିଖ୍ୟାତ ସମାଲୋଚକ ବେଣୁଧର ପାଢି ବୀଜବପନର କାଳିଜାଈ ଓ ମାଓବାଦିନୀ କବିତାକୁ ତାଂକ ପ୍ରିୟ କବିତା ଭାବେ ବାଛିଥିଲେ, ସବୁଠୁ ତାଂକୁ ଭଲ ଲାଗିଥିଲା ଉତ୍ସର୍ଗ ପୃଷ୍ଠାର କବିତା ବୁଢୀମା ଓ ବୁଢାଦାଦା। ଲେଖକ କହିଲେ, ବହିର ଏହି ପୃଷ୍ଠାଟିକୁ ମୁଁ ସବୁବେଳେ ବେକାର ପୃଷ୍ଠା ବୋଲି ଭାବି ଆସିଛି। କିଂତୁ ଏତେ ସୁଂଦର ଦୁଇଟି କବିତା ଦେଇ ପୃଷ୍ଠାର ଗୁରୁତ୍ୱ ତୁମେ ବଢାଇ ଦେଇଛ। ତାପରେ ତାଂକୁ ଭଲ ଲାଗିଥିଲା, ବହିର ଭୂମିକା। କହିଲେ, ଏତେ ସୁଂଦର ଭୂମିକା ମୁଁ ଆଗରୁ ପଢିନାହିଁ। ବିରାଟ ଲମ୍ବା ଲମ୍ବା ଭୂମିକା ବି ତୁମର ଏଇ ସଂକ୍ଷିପ୍ତ ଭୂମିକା ଭଳି ଆଗରୁ

ଛୁଇଁ ନାହିଁ। କବିତା କହିଲେ କଣ –ଏହି ପ୍ରଶ୍ନର ଉତ୍ତର ମୁଁ ତୁମ ଭୂମିକାରୁ ପାଇଯାଇଛି। ମୁଁ ଏହାକୁ ଉଦ୍ଧୃତି ଭାବେ ବ୍ୟବହାର କରିପାରିବି କି ?

ମତେ ମିଳିଥିବା ଅନେକ ପ୍ରଶଂସା ଭିତରେ ଏହା ଏକ ଦୁର୍ମୂଲ୍ୟ ସଂଯୋଜନ।

ଏବେ ଗୋଟେ ପିଲାଳିଆ କଥା ମନେ ପଡୁଛି। କି ସମ୍ମାନଜନକ ଥିଲା ତାହା, ସେତେବେଳେ ନୂଆ ନୂଆ କବିତା ଲେଖି, ପ୍ରକାଶ କରି ଓ ଆବୃତ୍ତି କରି ପ୍ରଶଂସା ପାଉଥିବା ମୁଁ କଣ ବୁଝିପାରିଥିଲି। ବିଶ୍ୱଭାରତୀ ଓଡ଼ିଆ ବିଭାଗରେ ବିଭାଗୀୟ ମୁଖ୍ୟ ନୀଳାଦ୍ରିଭୂଷଣ ହରିଚନ୍ଦନ ପରିଷଦ ତରଫରୁ ଛାତ୍ରଛାତ୍ରିଂକ ମଧ୍ୟରେ ବାର୍ଷିକ କବିତା ପ୍ରତିଯୋଗିତାର ଆୟୋଜନ କରୁଥିଲେ। ସେଥର ବିଚାରକ ଭାବେ ଆମଂତ୍ରିତ ହୋଇଥିଲେ ଦେବୀପାଦ ସଂକଳନର ବିଖ୍ୟାତ କବି ପ୍ରମୋଦ ମହାଂତି। ସେଥିରେ ପଢିଥିଲି କିଛିଦିନ ପୂର୍ବରୁ ଲେଖିଥିବା କବିତା ଖୁସି। କବିତା ପ୍ରଥମ ପୁରସ୍କାର ପାଇବାଠାରୁ ବେଶୀ ଆନଂଦିତ ହେଲି ଯେବେ ପରଦିନ ବୁଧବାରିଆ ସାହିତ୍ୟ ଆସରରେ ଆମଂତ୍ରିତ ଅତିଥି ଥିଲେ କବି ପ୍ରମୋଦ ମହାଂତି। ସେ ବାରମ୍ବାର କଇଳାଶ ସାରଂକୁ କିଛି କହୁଥିବା ଲକ୍ଷ୍ୟ କଲି। କଇଳାଶ ସାର ମତେ କହିଲେ, ପ୍ରମୋଦ କହୁଛଂତି ତୁମେ ବହୁତ ଭଲ କବିତା ଲେଖୁଛ। ମୋର ମୃଦୁ ସ୍ମିତ କଣ ବଖାଣି ପାରିଥିଲା କବିଂକୁ ଯେ ତାଂକର ଏଇ ମଂତବ୍ୟ ମତେ ନିଜ କବିତା ସମ୍ବଂଧରେ କେତେ ଆସ୍ଥା ଜଗେଇଛି ଓ ମୁଁ ନଇଁ ପଡ଼ିଛି କବିଂକ ପ୍ରତି କୃତଜ୍ଞତାରେ। କେଜାଣି, କବିତା ବ୍ୟତୀତ ଆଉ ସବୁ ପ୍ରକାଶ ଭଂଗୀରେ ମୋର ପ୍ରିୟଜନମାନେ ସବୁବେଳେ ସଂଦିହାନ ଥାଂତି।

ବୀଜବପନର ସବୁ କବିତାକୁ ନେଇ କିଛି ନା କିଛି ଆନଂଦ ମଧୁର ଅନୁଭୂତି ରହିଛି ଯେମିତି ବୀଜବପନ କବିତା। ମୋର ସମ୍ପୂର୍ଣ୍ଣ ବିପରୀତ ମେରୁରେ ଥିବା ବାଂଧବୀ ଏହା ଭିତରେ ନିଜ ଜୀବନକୁ ଖୋଜି ପାଇଛଂତି। କବି ତୁହିନାଂଶୁ ରଥ ଶେଷ କବିତା ବୀଜବପନକୁ ପ୍ରଥମେ ପଢିବା ପରେ ପୂରା କବିତା ସଂକଳନର ଉଚ୍ଚତାକୁ କଳିପାରିଥିଲେ। ଗୋଟେ କବି ଜୀବନରେ ପ୍ରଥମ କବିତା ସଂକଳନ ପାଇଁ ଏ କେତେବଡ଼ ପାଉଣା। ଅଜଣା ଥିବା ବହୁ ପାଠକ ପରବର୍ତ୍ତୀ ସମୟରେ ପରିଚୟ ପାଇ ଭାଗ କରି ନେଇଛଂତି ବୀଜବପନ ସମ୍ପର୍କରେ ତାଂକ ମୁଗ୍ଧତା।

ଆଉ ଏକ ଆଶ୍ଚର୍ଯ୍ୟ ବିଷୟ ଯେ ପଶ୍ଚିମବଂଗ ସ୍କୁଲ ସର୍ଭିସ କମିଶନର କଲିକତା ଜୋନରେ ପ୍ୟାନେଲରେ ପ୍ରଥମ ହୋଇ ଯେଉଁଠି ଯୋଗ ଦେଲି ଠୁଳୀଭୂତ ବିସ୍ମୟ ସେଠି ଅପେକ୍ଷା କରିଥିଲା। ଏଇ ଠିକଣା କାଇଁ ଏତେ ଚିହ୍ନା ଚିହ୍ନା ଲାଗୁଛି ଯେ। ମନେ ମନେ ଭାବୁଥିଲି ଏତେ ଅଂତରଂଗ ଯେମିତି ରକ୍ତରେ ମିଶିଛି, ଲେଖିଛି ଏ

ଠିକଣା ଅନେକ ଥର ମୁଁ, ଅଥଚ କେବେ, କେଉଁଠି? ଆଉ କେଉଁ ଜନ୍ମରେ? ପରବର୍ତ୍ତୀ ସମୟରେ ସ୍କୁଲର ଇତିହାସ ଆଲୋଚନା ସମୟରେ ଶୁଣିଲି ସାହିତ୍ୟ ପତ୍ରିକା ପ୍ରତିବେଶୀ ଦିନେ ଏହି ଠିକଣାରୁ ଏହି ଘରୁ ବାହାରୁଥିଲା, ଏବେ ସିନା ଅନ୍ୟ ଠିକଣାକୁ ଚାଲିଯାଇଛି। ସତରେ ତ ମୁଁ ନବେ ଦଶକରେ କବିତା ପଠାଉଥିଲି ପ୍ରତିବେଶୀକୁ, ଲେଖୁଥିଲି ତ ଖାମ ଉପରେ ଏଇ ଠିକଣା।

ସୁନାଝିଅ କବିତା ଜ୍ୟୋତିବିହାର ଅଡିଟୋରିଅମରେ ଆବୃତ୍ତି ହେଇ ବହୁତ ପ୍ରଶଂସିତ ହୋଇଥିଲା।ନୂଆ ନୂଆ କବିତା ଲେଖୁଥିବା ଝିଅଟିକୁ ଆଣିଦେଲା ଏତେ ଭଲପାଇବା ଶ୍ରଦ୍ଧା ବିଶ୍ୱାସ। ଜଗାଇଲା ସମସ୍ତଂକ ମନରେ ନୂଆ ଚାରାଟି ପ୍ରତି ଅଜସ୍ର ସମ୍ଭାବନା। କବିତା ଶୁଣିଥିବା ଅନେକ ଅଗ୍ରଜ ତଥା ସହପାଠୀ ବଂଧୁମାନେ ମନେ ପକେଇ ଦିଅଂତି ମତେ ତାର ପଦ, ପାହାଡ଼ ପାହାଡ଼ ନିଆଁ ବ୍ୟାପିଯିବା ପରେ ଆଶାଢ଼ ଆସେ ସୁନାଝିଅ, ଅପେକ୍ଷା କର। ବୟାନବେ ମସିହା ସ୍ନାତକୋତ୍ତର ଛାତ୍ରୀ ଥିବା ବେଳର ଏ କବିତା ପ୍ରକାଶିତ ହୋଇ ପରେ ହଜିଯାଏ ସିନା ଶ୍ରୋତା ମନରୁ ହଜିଯାଏ ନାହିଁ। ଏହା କେବଳ ଓଡ଼ିଆ ପାଠକ ସମ୍ପର୍କରେ ଏତେ ଗର୍ବରେ ମୁଁ କହିପାରିବି। ସୁନାଝିଅ କବିତା ବୀଜବପନରେ ସ୍ଥାନ ପାଇପାରିନାହିଁ ଖୋଜି ନ ମିଳିବା ଯୋଗୁଁ। ତାର ଅନୁପସ୍ଥିତି ବି ଏ ସଂକଳନରେ ମତେ ଜଳଜଳ ଦିଶେ। ଆଗାମୀ କେଉଁ ସଂକଳନରେ ସ୍ଥାନ କରିନେବ ବୋଲି ନିଶ୍ଚୟ ଅପେକ୍ଷା କରିଛି ସୁନାଝିଅ କେଉଁଠି ନା କେଉଁଠି।

ମୋର ଦ୍ୱିତୀୟ କବିତା ସଂକଳନ ନଦୀତମାରେ ବୀଜବପନର କିଛି ଅଭିଜ୍ଞତା ମୁଁ ଭାଗ କରି ନେଇଛି ପ୍ରିୟ ପାଠକଂକ ସହ। ବିଶ୍ୱଭାରତୀର ବିର୍ଲା ହଷ୍ଟେଲରେ ମୋର ରୁମମେଟ ଥିଲେ ଜଣେ ମାଲୟାଲୀ ବିଜ୍ଞାନ ଗବେଷିକା ସରିତା ରାମଚଂଦ୍ରନ ନାୟାର। ପତ୍ରିକାରେ ପ୍ରକାଶିତ ଉତ୍ସମୁଖ କବିତା ଓଡ଼ିଆ ଆବୃତ୍ତିରେ ଶୁଣି ଆଖି ଛଳଛଳ କରି କହିଲେ ସବୁ ବୁଝିନପାରିଲେ ବି ଏ କବିତା ମୋ ଭିତରକୁ ଛୁଉଁଛି। ମୁଁ ବୁଝିପାରିଥିଲି ଏ ଲୁହ ଦୁଃଖର ନୁହେଁ, ଅଂତର ସ୍ପର୍ଶୀ ଅପୂର୍ବ ଆନଂଦାନୁଭୂତିର। ମୋ କବିତାକୁ ମୁଁ ଆଉଥରେ ପଢିନେଲି ତାଂକ ଛଳଛଳ ଆଖିରେ। ମଲ୍ଲିକା ଏକାଏକା ଖ୍ୟାତ କବି ଇଂଦିରା ଦାସ ଯେମିତି କହିଥିଲେ, ବୀଜବପନ ଏକା ନିଃଶ୍ୱାସରେ ପଢି ହେଲା ପରି କବିତା ବହି ନୁହେଁ ବୀଣା, ଏହାକୁ ତ ସାରା ଜୀବନ ଧରି ପଢିବାକୁ ହେବ। ସତ୍ ପାଠକ କବିତାକୁ ଏମିତି ନିଜ ମନନ ଓ ଅନୁଭୂତିର ଏଂତୁଡ଼ିଶାଳରେ ଆଉଥରେ ଜନ୍ମ ଦିଅଂତି। ଲାଗୁଛି ଜୀବନର ଶେଷ ନିଃଶ୍ୱାସ ଯାଏ କବିତାର ନୂଆ ନୂଆ ରହସ୍ୟ ଫିଟୁଥିବ।

ହଜାର ହଜାର କବିତା ମୋ ଦ୍ୱାରା ଏହା ଭିତରେ ଲିଖିତ ହୋଇ ସାରିଥିଲେ ବି କଲିକତାର ବିଭିନ୍ନ କବି ସମ୍ମିଳନୀରେ ମୁଁ କେଜାଣି କାହିଁକି ବୀଜବପନର କବିତାମାନ ଆବୃତ୍ତି କରିଛି। ପ୍ରଥମତଃ ଏହାର ଅନେକ କବିତା ସ୍କୁଲ ପାଠ୍ୟ ଭଳି ମୋର ମୁଖସ୍ଥ ରହିଛି। ଯେମିତି ଯେତେଦିନ ଯାଏ ପିଲାବେଳର ଫଟୋ, ବାଲୁତ କାଳର ଗାଁ ଦାଣ୍ଡ, ଛୋଟ ପୋଖରୀ, ଗଡ଼ିଆ, ଶୁଆଚିତ୍ରବାଲା ମଂଦିରଟି, ସରୁ ମାଟିରାସ୍ତା ବା ଧାନକ୍ଷେତ ଭିତରେ ପଡ଼ିଥିବା ହିଡ଼ବାଟ ଯାହା ରଥଯାତ୍ରା ଭଳି ମେଳାକୁ ନେଇଯାଏ ସେସବୁ ଜକଜକ ହୋଇ ଝଲିଉଠେ। ବୀଜବପନର କବିତା ଆବୃତ୍ତି କଲାବେଳେ ଭିନ୍ନ ଭୂମି, ଭିନ୍ନ ଭାଷାଖଣ୍ଡରେ ଯେବେ ଓଡ଼ିଆ କବିତା ଉଚ୍ଚାରଣରେ ସହର୍ଷ ଉଚ୍ଛ୍ୱସିତ ପ୍ରଶଂସା, ମୁହୂର୍ମୁହୁ ତାଳିଧ୍ୱନି ଶୁଣେ ମୋ ମାତୃଭାଷାର ଗୌରବରେ ମୋ ମୁଣ୍ଡ ଆହୁରି ଉଚ୍ଚ ହୋଇଯାଏ। ଏ କବିତା ସବୁ ଘଟଣା ଚକ୍ରରେ ମୋ ହାତରେ ଲିଖିତ ହୋଇଛି ସିନା ଏ ପ୍ରଶଂସା ସବୁ ମୋ ମାତୃଭାଷାର ମଧୁର ଧ୍ୱନି ଓ ଆତ୍ମାର ସମୃଦ୍ଧି ପାଇଁ। ମୁଁ ପ୍ରତିନିଧି ଭାବରେ ଏହା ଖାଲି ଗ୍ରହଣ କରୁଛି। ଏଇ କବିତାମାନଂକ ପଛରେ ହଜାର ହଜାର ବର୍ଷର ମୋର ଭୂମିର କବିଂକ ସାଧନା ରହିଛି, ମୋ ପୂର୍ବପୁରୁଷଂକ ଉଦାରଚେତା ସର୍ବଗ୍ରାହୀ ଆଚରଣ ଓ ଉଚ୍ଚାରଣ ଅଂକିତ ହୋଇଛି। ଖାଲି ସେମାନଂକ ବାର୍ତ୍ତାବହ ହୋଇ ଆସିବା ଯେମିତି ମୋର ନିୟତି।

୨୦୧୦ରେ ପ୍ରଥମ କବିତା ସଂକଳନ ବୀଜବପନ ପାଠକ ମହଲରେ ଯେଉଁ ଆଦର ପାଇଛି ତାହା ସମ୍ଭବ ହୋଇଛି କାବ୍ୟଦେବୀଂକର ଆଶୀର୍ବାଦ ଓ ସତ୍ କବିତା ପ୍ରତି ଓଡ଼ିଆ ପାଠକଂକ ନିଷ୍ଠା ଯୋଗୁଁ। ଓଡ଼ିଆ ପାଠକୀୟତାକୁ ମୋର ପ୍ରଣାମ।

କବି ଓ କଥାକାର ପ୍ରଜ୍ଞାଶ୍ରୀ ରଥ ବୀଜବପନ ଉପରେ ଏକ ଚମତ୍କାର ପ୍ରବଂଧ ଲେଖିଥିଲେ ଧ୍ୱନି ପ୍ରତିଧ୍ୱନିରେ। ଲେଖିକା ପ୍ରଜ୍ଞାଶ୍ରୀ ରଥ, ଲେଖିକା ଓ ସମ୍ପାଦିକା ସୈରିନ୍ଧ୍ରୀ ସାହୁ ଏବଂ ଲେଖକ କୃଷ୍ଣକୁମାର ମହାଂତିଂକୁ କୃତଜ୍ଞତା। ପାଠକମାନଂକୁ ମୋର ପ୍ରଥମ କବିତା ବହି ବୀଜବପନ ୨୦୧୦ରେ ଉପଲବ୍ଧ କରେଇଥିବାରୁ ପ୍ରବାହର ପ୍ରକାଶକ ଶ୍ରୀ ରମେଶ ପତିଂକୁ ଧନ୍ୟବାଦ ଓ କୃତଜ୍ଞତା।

ବୀଜବପନ ଅନେକ ପାଠକ ପାଇନାହାଂତି ବୋଲି ଅନୁରୋଧ ଜଣାଇଥିଲେ। ସେମାନଂକ ପ୍ରେରଣା ପାଇଁ ମୁଁ ଋଣୀ। ବ୍ଲାକ ଇଗଲ ବୁକ୍ସ ଦ୍ୱିତୀୟ ସଂସ୍କରଣର ଏହି ଦାୟଭାର ସମ୍ଭାଳିଥିବାରୁ ଅଜସ୍ର ଧନ୍ୟବାଦ। ଏମିତି ବି ସତ୍ୟ ପଟ୍ଟନାୟକ ବିଦେଶୀ ସାହିତ୍ୟର ଅନୁବାଦ ପାଠକଂକ ପାଖରେ ପହଂଚାଇ ଓଡ଼ିଆ ଅନୁବାଦ ସାହିତ୍ୟରେ ଏକ ଉନ୍ନତ ଧାରା ସୃଷ୍ଟି କରିଛଂତି। ଏବେ ଉଲ୍ଲେଖଯୋଗ୍ୟ ବହି ସବୁ ପ୍ରକାଶ କରି ଓଡ଼ିଆ ସାହିତ୍ୟର ସେବା କରୁଛଂତି କହିଲେ ଅତିରଂଜିତ ହେବନାହିଁ। ଆଶା କରୁଛି

ପୂର୍ବ ଭଳି ବୀଜବପନର ଦ୍ୱିତୀୟ ସଂସ୍କରଣ ମଧ୍ୟ ପାଠକଂକର ଆଦର ପାଇବ। ସ୍ନେହୀ ମନନର ସ୍ପର୍ଶ ପାଇବ।

ବୀଜବପନର ପ୍ରଚ୍ଛଦରେ ସ୍ଥାନ ପାଇଥିବା ଭାସ୍କର୍ଯ୍ୟ ଦ୍ୱିତୀୟ ସଂସ୍କରଣରେ ବି ମୁଁ ବଦଳେଇନାହିଁ। ଲୁହାପାତରେ ତିଆରି ଅରୂପଂକର ଏହି ଭାସ୍କର୍ଯ୍ୟଟି ପଛରେ ଅଛି ଶିଳ୍ପୀଂକର ଅକ୍ଲାଂତ ପରିଶ୍ରମ ଓ ଶାଂତିନିକେତନ କଳାଭବନର ଶିକ୍ଷକଶିଳ୍ପୀ ତଥା ଛାତ୍ରଛାତ୍ରୀଂକର ମୁଗ୍ଧତାର କାହାଣୀ। ଭାସ୍କର୍ଯ୍ୟର ଶୀର୍ଷକ ଥିଲା ମୁକ୍ତିର ଆନନ୍ଦ। ହଁ, କବିତାକୁ ମୁଁ ଆତ୍ମାର ମୁକ୍ତି ବୋଲି ଜାଣି ଆସିଛି।

■

ସୂଚିପତ୍ର

କବିତା	୨୧
ରହିବାକୁ ଚାହେଁ	୨୨
ମାଓବାଦିନୀ	୨୩
ସଂଧାନ	୨୫
ବର୍ଷାର କୋଲାଜ	୨୬
ବିମୋଚନ	୨୭
ଉନ୍ମୁଖ	୨୮
ଗାଥାକାବ୍ୟ	୨୯
ପିମ୍ପୁଡ଼ି	୩୦
ସ୍ୱେଟର ବୁଣାଳୀ ଝିଅ	୩୧
ବୃକ୍ଷକଙ୍କ	୩୨
ମୁହୂର୍ତ୍ତ	୩୩
ଅଧିକାର	୩୫
ଫୁଟି ଉଠିବାର ବେଳ	୩୬
ପିକନିକ	୩୮
ମ୍ୟାଜିକବାଲା	୩୯
ପାହାଡ଼ ଦିନେ ଭଲ ପାଇଲା	୪୦
ଅସ୍ତିତ୍ୱ	୪୨
କଥା ସବୁ କବିତା ହେବ	୪୪
ସ୍ଲେଟ	୪୭
ଜୀବନ	୪୯
ଫୁଟପାଥ	୫୦
ମୁଦ୍ରା	୫୨
ଅଣ ଇତିହାସ	୫୩
ଶୀତରାତି	୫୪
ଗଛ	୫୬

ହ୍ୟାନ୍ଦି କ୍ରୋନିୟେ	୫୮
ଦୁଃସାହସ	୬୦
ଅନାହତ	୬୨
ଗଛ କାହାଣୀ	୬୪
ବୁଢ଼ାଲୋକ	୬୬
ପବନ ଲେଖୁଛି କବିତା	୬୮
ଶବ୍ଦଯାତ୍ରା	୭୦
ସଭ୍ୟତା	୭୨
ବାରୁଦ	୭୪
ଅଗ୍ନି ଆବିଷ୍କାର	୭୬
ନାରୀ ଯେବେ କଲମ ଉଠାଏ	୭୮
ବାଟ	୮୦
ବୃଣାକାର	୮୨
ମୁଁ	୮୪
ପାଗଳୀ	୮୭
ଅରଣ୍ୟ ବରଣ	୮୯
ଜନ୍ମଦିନ	୯୦
କାଳିଜାଇ	୯୧
ପାଥେୟ	୯୪
ମାୟାବର୍ଣ୍ଣ	୯୬
ନବବର୍ଷ	୯୭
ନିଆଁ	୯୯
କଳାପତା ଆମର	୧୦୧
ଚାହିଦା	୧୦୩
ହାତ	୧୦୪
କିମ୍ଦନ୍ତୀଟିଏ କାହାଣୀ ହେବ	୧୦୫
ପ୍ରସ୍ତୁତ ରହ	୧୦୬
ବନ୍ଦ ଗୁମ୍ଫାର ବାହାରେ	୧୦୮
ଅଂଗୀକାର	୧୦୯

ଧୀରେ ଧୀରେ ଆସ	୧୧୦
ସତଗପ	୧୧୨
ସୀତାର ବାଜୁଛି	୧୧୫
ସରାଗ ସନ୍ୟାସ	୧୧୬
କଣ ଥାଏ ଗୀତରେ	୧୧୮
ଭଲ କବିତାମାନେ	୧୨୦
ବିଦାୟ	୧୨୨
ବିରୂପା ନଦୀର କୂଳ	୧୨୪
କଥାଭୂମି	୧୨୬
ସେ ଅନ୍ୟ ଜଣେ	୧୨୮
ସଂଖ୍ୟା	୧୨୯
ଚଂଦ୍ରଛାୟା	୧୩୧
କାଳିଗାଈ କ୍ଷୀର	୧୩୩
ପାଣି ଦେବା ବଂଦ କର ନାହିଁ	୧୩୫
ଏକଲା ବାଟୋଇ	୧୩୭
ଏବେ ତୁମର ପାଳି	୧୩୯
ରାସ୍ତା ସାରା ଦୃଶ୍ୟ	୧୪୧
ବିଲ୍ୱମଂଗଳ	୧୪୩
ଅଭିସାର	୧୪୫
ବେଳକାଳର କଥା	୧୪୭
ଖୁସି	୧୪୯
ମେଳା ଫେରଂତା	୧୫୧
ଛୋଟ ଝିଅ	୧୫୨
ବୀଜବପନ	୧୫୪

କବିତା

କବିତାକୁ ଛାଡ଼ିଦେଲି ସେମିତି
କଂଚା ଅଗଢା ।
ଖରାର ତେଜ ପାଣିର ସହଜ
ପବନର ଚୁମ୍ବନ ପାଇ ବଢୁ ।

ଭିଡ଼ର ଗତିରେ
ବିଳମ୍ବିତ ଗୀତରେ
ସେ ଯାଉ ।

ଗାଉଁଲୀ କୋଣର ନିରାପତ୍ତା
ମହାନଗରୀର ଫୁଟପାଥ
ସେ ଚିହ୍ନୁ ।

ପ୍ରେମର ପାଠ ଅଗଣନ
ନଦୀର ସମୁଦ୍ର ସ୍ନାନ
ସେ ଶିଖୁ ।

ଯଦି ବଢୁ, ଗଛ ପରି
ଯଦି ଛିଡୁ, ଫଳ ପରି ।
ଫେରିବାର ମନ ହେଲେ
ଫେରୁ ମୋ ପାଖକୁ
କବିତା ମୋର ପ୍ରେମିକ
କବିତା ମୋର ବାଳକ ।

ରହିବାକୁ ଚାହେଁ

ରହିବାକୁ ଚାହେଁ ନାହିଁ
କବିତାରେ ମୋର
ରହିବାକୁ ଚାହେଁ
ପ୍ରତି ମୁହୂର୍ତ୍ତରେ ଝରୁଥିବା ପତ୍ରର
ମାଟି ପ୍ରଣାମରେ।

ସାବଲୀଳ ବହିବା ପାଇଁ ନଈର
ପଥର ହଟାଇବାର ସଂଗ୍ରାମରେ।
ହୃତପିଣ୍ଡକୁ ପୀଡ଼ା ବୋହି ନେଉଥିବା ରକ୍ତସ୍ରୋତ
ଜମାଟ ବାଂଧିଲେ ଶୀତରେ
ଉଷ୍ଣତା ହୋଇ ବହିବାକୁ ଚାହେଁ।

କବିତା ନ ପଢି ସହସ୍ର ବର୍ଷ
ଆନଂଦରେ ଭୋଳ ଯେ ମଣିଷ
ପିଉଥିବା କାଦମ୍ବରୀରେ
ମୁଁ ରହିବାକୁ ଚାହେଁ।

ମାଓବାଦିନୀ

ସୁଲେଖା ଓ ବିମଳା ମାହାତୋ
ପୋଲିସ ହାତରେ ଧରାପଡ଼ିଲେ
ବ୍ୟାଧ ଜାଲରେ ଠେକୁଆ ପରି ।

ଦୁଇ କିଶୋରୀର ଛେଳି ପରି ଆଖି
ମୋଟା ଓଠ, ଝୁଲି ପଡ଼ିଥିବା ଚିବୁକ ଦେଖି
ଗୃହିଣୀମାନେ ହେଲେ ସଂତ୍ରସ୍ତ
ଘରେ ବାସନମଜା ଘରଓଳା ଗୋଡ଼ ଚିପୁ ଚିପୁ
ଲାତ ବିଧା ପାତିଆଟେଂକା ଖାଉଥିବା ଝିଅଂକ
ଏମାନେ ନୁହଂତି ତ ସମ୍ପର୍କିତ ।

ସାମ୍ବାଦିକ ସମ୍ମିଳନୀରେ ଦୁହେଁ
ହରିଣ ଛୁଆ ପରି ତରକିଲେ
ବୁଦ୍ଧିଦୀପ୍ତ ଚଷମାର ଜଟିଳ ପ୍ରଶ୍ନର
ଉତ୍ତରରେ କହିଲେ, ଖୁବ ଭୋକ ହୁଏ
ମାଆକୁ ମାଗିଲେ କହେ, କିଛି ତ ନାହିଁ
ମତେ ଖାଇଯା ।

ଜଂଗଲ ସେପଟୁ ଲୋକ ଡାକିଲେ
କାମ ଦେବୁ, ଖାଇବାକୁ ଦେବୁ ।

ସରକାର କହିଲେ, ସହାନୁଭୂତିରେ ଭାବିବା
ନାବାଳିକା ବୟସର କଥା ।

"ବହୁତ ଅତ୍ୟାଚାର କରିବେ ଏମାନଂକ ଉପରେ"
କାହାର ସ୍ୱର କେଜାଣି
ହେମାଳ ବାଆ ବହିଗଲା ଘରେ ।

ଭାତ ପରଷୁ ପରଷୁ ଟିଭି ପର୍ଦ୍ଦା ଆଡ଼େ ଚାହିଁ
ମାଆ କହିଲେ, ବଢ଼ିଲା ଛୁଆ ଦି'ଟା
ଏଇ ବୟସରେ ବାଘ ପରି ଭୋକ
ଏଇ ସାମାନ୍ୟ କଥାଟା
କଣ ବୁଝିବ ନାହିଁ ରାଷ୍ଟ୍ର ।

ସଂଧାନ

ଅସ୍ଥି ଭିତରେ ଭ୍ରମର
ଜାଣେ, କେଉଁ ରାସ୍ତାରେ ଫୁଟିଛି ଫୁଲ ।

ମସ୍ତିଷ୍କ ସାରା ମହୁମାଛି
କହେ, କେଉଁ ଗଛରେ
ଫେଣା ବାଂଧିଛି ।

ହୃଦୟ ଭିତରେ ହରିଣୀ
ଡେଇଁ ଡେଇଁ ଖୋଜିଯାଏ
କେଉଁଠି ବନ୍ୟ ଧାନ
ନୀଳ ନିର୍ମଳ ପାଣି ।

ତ୍ୱକ ମୋର ବର୍ଣ୍ଣମାଳା
ଶ୍ୟାମଳ ଘାସର
ଧୂଳିଧୂଆଁର ସାମୟିକତା ଡେଇଁ
ସେଠି ଆଲୁଅର ଖେଳ ।
ଅସ୍ତିତ୍ୱ ମୋର ଅଗ୍ନି
ଶୀତକୋଣରେ ବଢୁଥିବା
ହାତମାନଂକର ସମବାୟ ପାଇଁ ।

ବର୍ଷାର କୋଲାଜ

ବର୍ଷା ଆସୁଛି
ମୁମୁର୍ଷୁ ଧାନଗଛ ସହ
ସୌଜନ୍ୟ ସାକ୍ଷାତକାରରେ ।

କୀଟନାଶକ ମୁହଁ ପାଖକୁ ନେଉ ନେଉ
ଥମକି ଚାହେଁ କୃଷକ
ବିଷାଦ ଅମୃତ ପାତ୍ର ଏତେ ପାଖରେ
ପଣତରେ ହଳଦୀ ହାତ ପୋଛେ ସୁଗୃହିଣୀ
କିଶୋରୀ ମଂଦାର କଢି
ଧୂଳି ଖରାର ଅକାଳ ବଳିରେଖା ପୋଛି
ସତେଜ ରଖେ ତ୍ୱକ ।

ଋତୁ ବଦଳର ଦୈବୀଚକ୍ର ସାମ୍ନାରେ ଠିଆ
ନିର୍ବାସିତା ଆୟୁଷ୍ମତୀମାନେ
ସୁଦୂରର ଛାତରୁ ଓହ୍ଲାଇ ଆଣଂତି
ଅଧାଶୁଖା ପୋଷାକ
ବର୍ଷାର ବିଶୃଂଖଳ ଚୁମାରେ
ଭିଜିଯାଏ ଅଂଧ ତରୁଣର ଚର୍ମଚକ୍ଷୁ ।
ନୌକା ଭସାଅ ଶିଶୁ
ମୁଁ ଆଜି ଘରକୁ ଯିବି ।

ବିମୋଚନ

ବିଂଦୁ ବିଂଦୁ ଆଖି ମେଲିଲା ପକ୍ଷୀ
ଚାହିଁଲା ପୂର୍ବଦିଗରେ
ତେଜୀୟାନ ସୂର୍ଯ୍ୟ
ଆହୁରି କୋଟି ଆଲୋକ ବର୍ଷ
ଉଡ଼ିଯିବାର ଅଛି ।

କେତେ କାଳ ଶୋଇ ରହିଲା
ଓଦା ମାଟିରେ ଘୋଡ଼େଇ ହୋଇ ଅଂଧାରରେ ।
ଏ ଭିତରେ ପୂର୍ବପୁରୁଷମାନେ
କେଉଁ ଅରଣ୍ୟରେ
ପତ୍ର ଜନ୍ମ ପାଇ ସାରିଥିବେ
କୁନି କିଶଳୟମାନେ
ଉତ୍ତର ପୁରୁଷ ହୋଇ
କେଉଁ ଜନପଦକୁ ଉଡ଼ି ଯାଇଥିବେ ।

ଧୂଳି ଝାଡ଼ିଝୁଡ଼ି ହୋଇ ଉଠିଲା ପକ୍ଷୀ
ତାକୁ କେତେ ଦିଗର ପକ୍ଷୀଂକ ସହ
ଚଂଚୁ ଘଷିବାର ଅଛି ।

ଉତ୍ସମୁଖ

କେମିତି ଫେରିବାକୁ ହୁଏ
କାହାଣୀ ଭିତରକୁ
ପ୍ରାଥମିକ ନୌକା ବିହାରକୁ
ଅଂଧାର, ବର୍ଷାର ଅସମ୍ପର୍କିତ ପଥ ବାହି।

ଏବେ ଆଇନାରେ ବି ଦିଶୁନି କାହାର ମୁହଁ
ମୁଁ କେମିତି ଫେରିବି କୁହ।
ସମସାମୟିକ ଛାୟାତଳ ଭାସିଗଲା ନଦୀରେ
ହେଳାରେ ଫିଂଗି ଆସିଥିବା ସ୍ୱପ୍ନ ଦେଖି
ଚମକି ଉଠି ପଡ଼ିଲା ଅଂଧାର।

ହଠକାରୀ ଶିଶୁପକ୍ଷୀ କାଂଦୁଛି ଯେ ସାରାରାତି
କେଉଁ ଗଭୀର ଜଳର ଶୁଶ୍ରୂଷା
ତାକୁ ମୁଁ ଦେବି।

ଉତ୍ସମୁଖ ତୁମେ ତ ନଦୀ ନୁହଁ
ଝିଲିକ ଅଗ୍ନିକଣା।

ଗାଥାକାବ୍ୟ

ମୁଁ ଅପେକ୍ଷା କରିବି
ତୁମେ ଆସିବ ଓ ଯିବ ।

ଶତାବ୍ଦୀ ପ୍ରାଚୀନ ଚୈନିକ ପୋଥିରେ
ଆକ୍ଷରିକ ଅରଣ୍ୟର ଗଂଧ ପରି
ଅବୋଧ ।
ପୁରୁଣା ଅଭ୍ୟାସରେ ସଜାଡ଼ି ରଖିବ
ଆଖି ଓ କାବ୍ୟର ପ୍ରେମ ।

ଗାଥାର ପାହାଚ ଚଢିବି ମୁଁ ଧୀରେ
ନିଷ୍ପାପ ବିସ୍ମିତ ଆଖିର କ୍ରିୟା ପ୍ରତିକ୍ରିୟାରେ
କଟେଇବା କିଛି ସମୟ ।
ପୁନରାବୃତ୍ତି କ୍ଳାଂତ ମୁଁ
କହିପାରେ ଏଥର ଆସ ।
ବିଦାୟ ଆବେଶରେ ବଂଦ ଥିବ ଆଖି ।
ଆଖି ଖୋଲିଲେ ଲାଗିବ
ମୋ ସାମ୍ନାରେ ଥିଲା
ଏକ ଛାୟା ପୁରୁଷ
ଶତାବ୍ଦୀ ପ୍ରାଚୀନ
ପୁରୁଷ ଅଭ୍ୟାସ ମୋର ।

ପିମ୍ପୁଡ଼ି

ଇତିହାସ ବହି ସାରା
ପିମ୍ପୁଡ଼ି ଚାଲୁଥାଏ ।

ଦଶକ ଶତକ
ବିଜ୍ଞାପନୀ ସହସ୍ରାବ୍ଦ
ପାରି ହେଇ
ଧାଡ଼ିବାଂଧି
ଧାଡ଼ି ଭାଂଗି ।

ନିଅଣ୍ଟିଆ କବର ଭୂମିରେ
ଅପେକ୍ଷମାଣ ଦଳେ ଲୋକଂକୁ
ରୁଟ ରୁଟ କାମୁଡ଼ି
ରାସ୍ତା କରି ନେଉଥାଂତି
ସେମାନେ ।

ଆପେଲ ନା ଶିଶୁର ଗାଲ
ବେଶୀ ମିଠା ବେଶୀ ଲାଲ
ଯୁକ୍ତି କରୁଥାଂତି
ପିମ୍ପୁଡ଼ିମାନେ ।

ସ୍ୱେଟର ବୁଣାଳୀ ଝିଅ

ତୁମର ଅଂଗୁଳି ସ୍ୱେଟର ବୁଣୁଥାଏ
ଅନୁପସ୍ଥିତ ଶୀତଋତୁ ପାଇଁ।

ଶୀତ ସେପଟେ ବୁଲୁଥାଏ ପାହାଡ଼
ଗଭୀର ଗୁହା ଛାତି ସଂଧିରେ
ପଶି ଯାଉଥାଏ ଶୀତ
ଲୁଧିଆନା, ଜଳଂଧର, ଜମ୍ମୁର
ଗହମ କ୍ଷେତ, ପ୍ରସିଦ୍ଧ ହ୍ରଦ ତୀରରେ
ଗୀତ ଗାଇ ବୁଲୁଥାଏ ଶୀତ
ସୌଖୀନ କଠିନ ପୁରୁଷ।

ଗ୍ରୀବା, ବେକ, ପିଠି, ଅଣ୍ଟା, ହାତର
ଅବୟବୀୟ ଉଠାଣି ଗଡ଼ାଣି ପାରି ହେଇ
ତୁମ ଅଂଗୁଳି ଏଣିକି କଣ୍ଟାରେ ଅଭ୍ୟସ୍ତ।

ଶୀତଋତୁର ଶାରୀରିକ ନକ୍ସା
ବୁଣିସାରିବା ପରେ ତୁମେ ଭାବ
କଣ୍ଟା ଏଣିକି ଆପେଆପେ ଥମିବ।
ଉଲର ଘର୍ଷଣରେ ଜାଡ଼ିଯାଉଥିବା ଆଂଗୁଠି
ନିଜ ପାଖକୁ ଫେରିବ।
ବିପରୀତ ରଂଗର ଚତୁର ବିନ୍ୟାସରେ
କଣ୍ଟାର ଅଂଗୁଳି ଯେ ଏଣିକି
ତୁମକୁ ବୁଣିବସେ।

ବୃକ୍ଷକଳ୍ପ

ତୁମେ କଣ ସେହି ଗଛ
ଯିଏ ଯେ କୌଣସି ମୃତ୍ତିକା ଓ ଜଳବାୟୁରେ
ଉଧେଇପାରେ ।

ଯା ପାଖକୁ ମାଳୀର ବାଡ଼ ଡେଇଁ
ଦୌଡ଼ି ଆସେ କ୍ଷୀର ଜୁଡୁବୁଡୁ ଗାଈ
ଚିକ ଚିକ ଖରା ପରି ବାଛୁରୀ
ଶିଶୁର ବହୁମୂଲ୍ୟ ସମୟ
ଯେ ଚୋରୀ କରି ନିଏ ।

ଶିଶୁର କୁନି ପାପୁଲି ପରି
ଯେ ପତ୍ର ମେଲେ
ଶିଶୁ ପରି ଧୀରେଧୀରେ ବଡ଼ ହୁଏ
ତା କାହାଣୀର ଗଛ ପରି
ଯାର ଡାଳ ଶୂନ୍ୟେ ଲାଗୁଥାଏ ।

ତୁମେ କଣ ସେହି ଗଛ
ଯେଉଁଠି ବୃକ୍ଷମୁଦ୍ରାରେ
ଗୋଟେ ମଣିଷ ହିଁ
ଠିଆ ହୋଇଥାଏ ।

ମୁହୂର୍ତ୍ତ

ଏ ମୁହୂର୍ତ୍ତ ନିଷେଧ କରେ
ନଈକୂଳକୁ ଯିବା ପାଇଁ
ଯେ ନଈରେ ଫୁଟିଅଛି
ନାଲି, ନୀଳ କଇଁ।

ଏ ମୁହୂର୍ତ୍ତ କହେ
ଏ ନଈରେ ଅକାତକାତ ଜଳ
କେଉଁଠି ଗଭୀର ଗଣ୍ଡ
ବହୁକାଳର କ୍ଷୁଧାର୍ତ୍ତ କୁମ୍ଭୀର।

ଦୀର୍ଘ ଅଭିଜ୍ଞ ଏ ମୁହୂର୍ତ୍ତ
ଦେଖାଏ ବିସ୍ତୀର୍ଣ୍ଣ ବାଲିପଠାକୁ
ଦେଖ, ଏ ପାଦଚିହ୍ନମାନ ଲମ୍ବିଯାଇଛି ନଈକୁ
ପଡ଼ିଛି କି ଫେରିଆସିବା ପାଦଚିହ୍ନ
ଏ ନଈରେ ଗାଧୋଇ
କେହି ଫେରିଆସିପାରେକି।

ଆମର ବଂଦ କୋଠରୀରୁ ଯେଉଁ ସ୍ୱର
ଡାକି ଆଣିଲା ଏଠିକି
ଆମେ କଣ ଜାଣିଥିଲେ
ତାହା ଖୁବ ପୁରୁଣା ଗୋଟେ ଗୀତର ସ୍ୱର
ଏ ନଈକୂଳିଆ ପବନର।

ଏ ମୁହୂର୍ତ୍ତ କହେ
ଦେଖୁଛ କେତେ କୃଷ୍ଣ ସୁବାସିତ ଜଳ
କି ସବୁଜ ମସୃଣ
ତାର ବାହୁର ମୃଣାଳ
ଦେଖ, ଏବେ ଆତ୍ମହତ୍ୟାର ମାହେନ୍ଦ୍ର ବେଳା ଉପଗତ
ଏ ମୁହୂର୍ତ୍ତ ଗଡ଼ିଗଲେ
ସୂର୍ଯ୍ୟ ଉଇଁଯିବେ
ଛଳଛଳ ଏଇ ନଦୀ ଜଳ ଶୁଖିଯିବ।

ଅଧିକାର

କହିଲି, ଚାଲ ସେ ଗଛ ଦେଖେଇବ
ଫୁଲ ମାଗିବି ନାହିଁ କି ଫଳ ମାଗିବି ନାହିଁ
ଖାଲି ମୋର ସହଯାତ୍ରୀ ହେବ।

ଛାଇରେ ଛାଇରେ ନେଇଗଲ ସେଠିକି
ତୀକ୍ଷ୍ଣ ଉଠାଣିମାନ ହାତ ଧରି ନେଲ
ଦୁର୍ଗମ ଗଡ଼ାଣିରେ ଭାରସାମ୍ୟ ରଖି
ମୋ ସହ ପାଦେ ପାଦେ ଗଲ
ଗଛ ଦେଖେଇଲ।

ହାତ ପାହାଂତାରେ ଯେତେ ଥିଲା ଫୁଲ ତୋଳି ଦେଲ,
ଡାଳ ଦୋହଲାଇ ଝରେଇଲ ଫଳ
ମୋର ଅଂଜଳି ଭରିଲ।
ମୁଁ ଠିଆ ହୋଇ ରହିଲି
ଯେମିତି ବୃକ୍ଷର ଅଧିଶ୍ୱରୀ।

ଆଜିଠୁଁ ଗଛଟି ମୋର
ଏତେ ଦିନ ଧରି ତୁମେ
ସେବନ କରିଛ ଯାର ଫୁଲଫଳ
ଯାର ଫୁଲ ପରି ଆଶ୍ଚର୍ଯ୍ୟ ସୁଂଦର
ଫଳ ପରି ସୁମିଷ୍ଟ ସୁଗଂଧିତ
ନିଶ୍ଚୟ ତୁମର ହୃତପିଣ୍ଡ
ଏବେ ମତେ ତାହା ଦିଅ।

ଫୁଟି ଉଠିବାର ବେଳ

ନା, ପୂରା ଫୁଲ ହେଇ
ଫୁଟି ଉଠିନି ଏଯାଏ
ମୁହୂର୍ତ୍ତ ମୁହୂର୍ତ୍ତରେ
ପାଖୁଡ଼ାଏ ପାଖୁଡ଼ାଏ ହୋଇ ଫୁଟି ଉଠୁଛି ।

ସୂର୍ଯ୍ୟ କିରଣ, ଜ୍ୟୋସ୍ନା, ଶିଶିରକୁ ଡାକିଛି
ପବନକୁ ଖେଳିବାକୁ ଦେଇଛି ଶିରା ପ୍ରଶିରାରେ
ଭ୍ରମରକୁ ଓଠ ଆଖି ହୃତପିଣ୍ଡକୁ
ଗୀତରେ ଯୋଡ଼ିବାକୁ ଦେଇଛି ।

ମୁଁ ଦାୟୀ ନୁହେଁ
ଏ କଣ୍ଟା ଧୂଳି ଦୁର୍ଗଂଧ ପାଇଁ
ମୁଁ ଫୁଟି ଉଠିଲେ ଏମାନେ
ଅପସରି ଯିବେ ଜାଣିଛି ।

କେମିତି ଜାଣିବି
ମତେ କେମିତି ଆଂକୁଛି କିଏ
ଶିଶୁର ଆବୁରୁ ଜାବୁରୁ ରେଖା
କିଶୋରୀର ଦର୍ପଣ, ମଧୁଶଯ୍ୟାର ବଧୂ
କଳା ବାକ୍ସ ଭିତରେ ବୃଦ୍ଧଜନ ।
ମୁଁ ତ ଚାଳ ଉପରର ଧୂଆଁ

ଆଗକୁ ଲମ୍ବିଥିବା ରାସ୍ତା
ସମାନ ଭାବେ ସ୍ୱୀକାର କରିଛି ।

ଛାତିର ଗଭୀରତାରୁ ମୁକୁଳି ଆସୁଥିବା
ଅଥଚ ପୂରା ଶୁଭୁନଥିବା
ଗୀତଟିଏ ପରି ମୁଁ
ଧୀରେଧୀରେ ଫୁଟି ଉଠୁଛି ।

ପିକନିକ

ସେଦିନ କେଇ ଜଣ ଜଂଗଲକୁ ଯାଇଥିଲେ
ଆଜି ମୋର ମନେ ନାହିଁ
ମୁଁ ଏକା ଫେରିଲି ନାହିଁ।

ତୁମେ ସବୁ ଗଛ ଚଢାରେ ପଟୁ
ନଈ ପହଁରାରେ ବି
ମୁଁ ଏକା ବିସ୍ମୟ ବିମୂଢ଼ ଦର୍ଶକ ଚଂଦ୍ରାହତ।
ଭାଲୁ ମତେ ଦେଖି କଣ ବୁଝିଲା କେଜାଣି
ମୋର ଚୂଳ ଆଖି
ପାଦ ଆଂଗୁଠିର ନଖକୋଣ ଯାଏ
ଆଘ୍ରାଣ କରିନେଲା
ପବନରେ ଜୀବନର ଗଂଧ
ବାରିପାରିଲା
ଓ ବିଶ୍ୱାସ ଘାତକତାର।
ତୁମେମାନେ ଖୁସିଗପ କରି ଫେରିଗଲ
ମୁଁ ରହିଗଲି ସେଇଠି
ବଣୁଆ ଗଂଧର ଅଂଶ ହେଇ
ନଈ ପାହାଡ଼ର ଆତ୍ମା ହେଇ
ଭାଲୁ ମତେ ପିଠିରେ ବସାଇ ନେଇଗଲା
ବଂଧୁତ୍ୱର ପଦାବଳୀ ଡେଇଁ।

ମ୍ୟାଜିକବାଲା

ମତେ ସେ ଶିଖେଇଲା
ଦୁଇ ନଉକାରେ ପାଦ ଦେଇ
କେମିତି ପହଂଚି ହୁଏ କୂଳରେ
ଟଳମଟଳ ଜଳରେ
ପୋତି ଦେବାକୁ ହୁଏ ଯାଦୁଦଣ୍ଡ।

ସାନ ସାନ ଉପାଦାନରେ
କେମିତି ସୁସ୍ୱାଦୁ ହୁଏ
ଅଲଣା ଅବଘରା ବ୍ୟଂଜନ।
ଆଖିର କଥା ମୁଁ ଶୁଣିଛି
ସେ ମତେ ଦେଖାଇଲା
କଥାର ଆଖିରେ ପୃଥିବୀ।

ହାତମୁଠାରେ ସ୍ପଂଦିତ ହୁଏ ପକ୍ଷୀ
ଡାକିଲେ ଫେରିଆସେ
ବିପଦସୀମା ଛୁଇଁ ସାରିଥିବା ନଦୀ।

ମୋ ଦୁଆରକୁ ପୃଥିବୀର ସୁଂଦରତମ
ନଦୀ ଆଣିଥିବା ଲୋକକୁ କହିଲି
ଜୀବନ ଏମିତି ହୁଏ
ତ ମ୍ୟାଜିକବାଲା
ମୁଁ ସବୁଥର
ଝିଅ ହେବାକୁ ରାଜି।

ପାହାଡ଼ ଦିନେ ଭଲ ପାଇଲା

ଏଠି ଏକଦା ଗୋଟେ ପାହାଡ଼ ଥିଲା
ରୁକ୍ଷ ଅହଂକାରୀ ଏକଲା ପାହାଡ଼
ସେ ମେଘକୁ ବାରଣ କରୁଥିଲା
ତାର ପଥର ଦେହରେ ପିଟି ହେଇ
ଫେରି ଆସୁଥିଲା ଦକ୍ଷିଣାବାୟୁ
ଯାତ୍ରୀଦଳକୁ ଫେରେଇ ଦେଉଥିଲା ଅଧବାଟରୁ ।

ଅନେକ କାଳ ପରେ ଦିନେ
ସେ ପାହାଡ଼ ଭଲ ପାଇଲା
ତାର ପଥର ଆଖିରେ ଜମିଲା ମେଘ
ସେଇଠୁ ସେ କାଂଦିଲା ।
ଏତେ କାଂଦିଲା ଯେ
କଠିନ ଶିଳା ସ୍ତର ତାର
ନରମ ମାଟି ହେଇଗଲା ।

ଏତେ ହାଲକା ନରମ ମାଟି ଯେ
ଛୋଟ ଛୋଟ ଘାସ ଜନ୍ମିଲା
ପକ୍ଷୀ ଚଂଚୁବାହିତ ବୀଜ ପଡ଼ି ଗଛ ଜନ୍ମିଲା
ଡାଳପତ୍ର ଶୋଭିତ ଗଛ
ଗହନ ଛାୟା ପକ୍ଷୀବସା ଶୋଭିତ ଗଛ ।

ପାହାଡ଼ର ମାଟି ଆହୁରି ନମ୍ର ଆର୍ଦ୍ର ଗଭୀର ହେଲା ।
ଏଇ ଯେ ମାଟି ଉପରେ ଆଂଗୁଳିରେ
ତୁମେ ଆଂକୁଛ ମେଘ, ଧାନଗଛ
ଯୁଗଳ ପକ୍ଷୀ, ମାଆର ଆଖି
ଏଠି ଗୋଟେ ପାହାଡ଼ ଥିଲା, ତୁମେ ଜାଣ ?

ସେ ପାହାଡ଼ ଦିନେ ଭଲ ପାଇଲା
ତୁମ ଅଂଗୁଳି ଟିପର କୋମଳ ମୃତ୍ତିକା ଭଳି
ନମ୍ର ଆର୍ଦ୍ର ହାଲୁକା ହେଲା
ସେଠୁ ତୁମ ଭଳି ବାଳକ ବାଳିକା ଭର୍ତ୍ତି
ଏଇ ଜନପଦ ଗଢ଼ି ଉଠିଲା ।

ଅସ୍ତିତ୍ୱ

ମାଟି ଦରକାର
ମୁଠାଏ ମାଟି ।
ଯେ ମାଟିରେ ଗଛ ହୁଏ
ବର୍ଷାପାଣି ଛପର ଛପର
ଆକାଶର କାନଭାସ ଭଳି
ଯେ ଠକି ଦିଏ ନାହିଁ
ଯେ ମାଟିରେ ମୂର୍ତ୍ତି ଗଢି ହୁଏ ।

ସମୁଦ୍ର ନ ବାଛି
ତେଣୁ ମାଟି ବାଛିଲି ।
ସବୁଜ ନଡ଼ିଆ ଗଛ
ଗରମ ରୋଷେଇ ଘର
ସବୁଠି ମାଟିର ଧରି ରଖିବାର ପ୍ରସ୍ତୁତି ଗଭୀର
ସମୁଦ୍ର ତ ରଂଗ ପ୍ଲେଟ ବି ନୁହେଁ କାହାର ।

ମାଟି ରାସ୍ତାରେ ଦେଖା ହେଲା
ଠେକା ବଂଧା ଲୋକ
ପତ୍ର ଛାଉଣି ଘର
ଯାତ୍ରାପଥରେ ଅଂତର୍ଭୁକ୍ତ ନଥିବା ମଂଦିର ।
ଗଛ ଗହଳରେ ଗାଉଁଲୀ ଅଂଧାର
ମତେ କିଛି କହିବାକୁ ଚାହେଁ ।

ସମୁଦ୍ର ମୋ ଦିଗରେ ନଥିଲା ତ
ମୁଁ ଜାଣିନେଲି
ପଦ୍ମପତ୍ରରେ ନିହିତ ତଥ୍ୟ।
ଠିକ ଏମିତି ହିଁ
ମୋର ଭୁଲ ସୁଧାରିବା ପାଇଁ
ମିଳି ଯାଆଂତି କେହି ନା କେହି।
ମାଟିର ଲୋକ ଭରସାରେ
ଏଠି ଛାଡ଼ିଗଲି ଉତ୍ତର ପିଢି।
ମାଟି ହିଁ କେବଳ
ଜଣକୁ ଫେରେଇପାରେ
ତାର ଅସ୍ତିତ୍ୱ।

କଥା ସବୁ କବିତା ହେବ

ଅପେକ୍ଷା କର
କଥା ସବୁ କବିତା ହେବ
ଶିଳ୍ପ ହେବ, ଛାୟା ଛବି
ଚିତ୍ର ହେବ କଳାତ୍ମକ।

ଏବେ ଆକ୍ଷରିକ ଶବ ଲୋଟୁଛି
ଚିତା ଜଳୁଛି ଲାଲ ଟ୍ରେନରେ ବଂଦ ଘରେ
କ୍ଷେତ ଖମାରେ ଏ ଦୃଶ୍ୟ କ୍ଷଣସ୍ଥାୟୀ।

ଝଡ଼ ସହିତ ଝଡ଼ ପରେ
ପକ୍ଷୀମାନେ ଡେଣାକଟା
ବାସ୍ତୁହରା, ଭାରସାମ୍ୟହୀନ
ଅପେକ୍ଷା କର ସଜିଲ ସମୟ
ମୁକ୍ତ ଉଡ଼ାଣ ପାଇଁ।

ମେଧାବୀ ଯୁବକ ଅଗ୍ନିକନ୍ୟା ବୁଦ୍ଧିଜୀବୀ
ଅପେକ୍ଷା କର, ଶିଳ୍ପ ହେବ କାଳୋତ୍ତୀର୍ଣ୍ଣ
ଟା କପର ନକ୍ସା ଯେମିତି ଏଥନିକ
ମିଥ ହେବା ଯାଏ ପଡ଼ୋଶୀ ଦୁର୍ଘଟଣା।

ଏବେ କଲମ ବଂଦ ରହୁ
ସ୍ଲୋଗାନ ଆମେ ନିତି ଶୁଣୁଛୁ
ସମ୍ବାଦ ପଢୁଛୁ ରସାଳିଆ ରଂଗୀନ ଚିତ୍ର ସହ।

ଫୈୟାଜ ଖାନଂକ କବରର ଶ୍ୱେତ ମାର୍ବଲ
ଛତ୍ର ଯିଏ ଭାଂଗିଛି
ନଂଦନଂଦନ ଠୁଂଗରି ସିଏ ଶୁଣିନି।
ଛୋଟ ଅଂଗାର ବଡ଼ ଅଂଗାର
ଚମତ୍କାର କାରିଗରି ଜାଣେ
ରଫିକୁଲ ଓ ମହୀପାଳଂକୁ
ସମଦର୍ଶିତାରେ ପୋଡ଼େ।

ରେମବ୍ରାଣ୍ଟଠାରେ ଫିଦା ହୁସେନ ଋଣୀ
ଧାର ନେଇଛଂତି କଳାରାତ୍ରିର
ଆଖି ଦୀର୍ଘାୟତ।
କମଳା ରଂଗର ରାତି ସବୁ ଚମତ୍କାର
ନବେ ଶତାଂଶ ପୋଡ଼ା ଶିଶୁ
କ୍ୟାମେରା ଆଖିର କୌତୁହଳ।
କୁଡ଼ିଆ ଘରେ ପାଳଗଦାରେ
ସେନା ଛାଉଣୀ ଆଢୁଆଳରେ ନାରୀ ଚିତ୍କାର
ଛଂଦୋବଦ୍ଧ ବାକ୍ୟ ହେବ ରସାତ୍ମକ
ମହାକାବ୍ୟର ଦୃଶ୍ୟପଟେ।
ଭକ୍ତମାନେ ଭୁଲିଗଲେଣି ବୁଲଡୋଜରର ଗତ ଦଶକ
ଗର୍ଭିଣୀର ଅଂତଫାଡ଼ି ତୀକ୍ଷ୍ଣ ମୁନରେ ଫୁଟାଇଥିବା
ଆଠମାସର ରକ୍ତପଦ୍ମ।
ଭିନ୍ନ ମତ ଭିନ୍ନ ପଥ ଚିତା ତୁମର ଅନିର୍ବାଣ
ଇତିହାସ ଖୋଲ
ଏଇ କି ପ୍ରଥମ ଅଗ୍ନିଦୃଶ୍ୟ ଧର୍ଷଣ ଓ ଛୁରୀକାଘାତ
ହଜାର ଶତକ ଗାଥାକାବ୍ୟ ଯେ ଦୀର୍ଘତର।

ଏବେ ତୁମର ଘର ଭାଂଗୁଛୁ ତିଆରି ଦେବୁ
ରୋଷ ଆମର ଦିବ୍ୟ ଅଗ୍ନି
ତୁମ ସହ କିଂତୁ ଶତ୍ରୁତା ଆମର ନାହିଁ
ଆଜି ଖାଦ୍ୟ ପୁଡ଼ିଆ ନିଅ
ସଂକେତର ସଦିଚ୍ଛା ।

ତଥ୍ୟ ଯୁକ୍ତି ତଥ୍ୟ ତର୍କ ଦିନ ଯାପନର ବିଚିତ୍ରତା
ତୁମର ଚା ଆମର ବାଦାମ
ସଖ୍ୟର ସାମ୍ନା ଝର୍କା ଖୋଲା ।
ଅନୁକୂଳ ପବନରେ ସୁଚେତନାର ଶୋଭାଯାତ୍ରା
ନିରପେକ୍ଷ ନେକଟାଇ ଡୋକ୍ରା ଗହଣା
ଶାୟରୀଭରା ମେହେଫିଲ
ଚିତ୍ରପ୍ରିୟା ପ୍ଲାକାର୍ଡ ହାତରେ
ରାସ୍ତାରେ ଠିଆ ପଥନାଟିକା ।

ଅପେକ୍ଷା କର ବୁଦ୍ଧିଜୀବୀ
କବିତା ହେବ ଶାଂତସୁଖ
ଅଭିଜାତ ନିର୍ମାଣ ହେବ
କାବ୍ୟ କାଳଜୟୀ ।

ସ୍ଲେଟ

୧

ସ୍ଲେଟ ଲିଭିଯାଇଛି
କେହି ଲିଭାଇ ଦେଇଛି
କିଏ ଜାଣେ ସେ କେଉଁ ନଈ ପାଣି
ସର୍ବଜ୍ଞ ପବନ ନା କଳା ସ୍ଲେଟ ଭଳି ମନ।

ହୁଏତ ଥିଲା ଲେଖା
କିଛି ବର୍ଣ୍ଣ ସଂଖ୍ୟା ରେଖା।
କୋଳରେ ଖାଲି ସ୍ଲେଟ ଧରି
ବସିଛି ମୁଁ ଅଂଧ ଭଳି।

ଜୀବନ କହୁଛି, ଭାବ ଲେଖ କିଛି କର
ନତୁବା ଭରିଦିଅ ନିଜ ହସ୍ତାକ୍ଷର।
ସ୍ଲେଟର କିଛି ଦାବୀ ନାହିଁ
ନିଜକୁ ତାର ମନେ ପଡୁନି।

ସାମ୍ନାରେ ଚାଲିଯାଉଛି ମାଲଗାଡ଼ି
ଗେଟି ପଥର ଭର୍ତ୍ତି
ଉପରେ ଲଟେଇଛି ମୂର୍ଖ ଲତା
ମାଟି ଖୋଜୁଛି।
ଜାଣି ପାରୁନି କେତେ ଦିନ ତଳୁ
ତାର ମୂଳ ଉତ୍ପାଟିତ
ଯେମିତି ସ୍ଲେଟ ଭୁଲିଛି
ତାର ଅକ୍ଷର ବିଭବ।

ମୁଁ ବସିଛି ଏଇଠି
ଲିଭା ସ୍ଲେଟ ଓ ନିର୍ମୂଳୀ ଲତାର
ଠିକ ମଝାମଝି
ସାମ୍ନାରେ ପ୍ରତିପକ୍ଷ
କ୍ଷୟମୟ ସ୍ମୃତିର ହାତ ।

୨
ସ୍ଲେଟରେ ଥିଲା କଣ ?
କିଛି ସ୍ନେହର ବର୍ଣ୍ଣ
କିଛି ସଂଖ୍ୟାର ପ୍ରତ୍ୟାଖ୍ୟାନ ?
ଚଢିଥିଲି କେତୋଟି ପାହାଚ
କେତେ ପଦ ବାକି ଥିଲା ମଂତ୍ର ।
ଜାଣେନା ମୋର ଦୁଃଖ କଣ ପାଇଁ
ନଷ୍ଟବୀଜ ଗଛ ହେଲା ନାଇଁ ?

ଯାହା ଯିବା କଥା ସେ ଯାଏ
ମାଟି ଜାଣେ
ଜରାବ୍ୟାଧି ମୃତ୍ୟୁ ଦୁଃଖ ଛୁଇଁଥିବା
ଭିକ୍ଷୁକୁ ସଲାମ ଜଣାଏ ।
ବିସ୍ମୃତି ବି ଜାଣେ ବୋଧହୁଏ
ମତେ କୋଳକୁ ନିଏ
ନବଜାତ ଶିଶୁ ଭଳି ଧୋଇ ପୋଛି ଦିଏ ।

ଥିଲା ସ୍ମୃତିର ସିଂହାସନ
ଆଜି ବିସ୍ମୃତିର ଧୂଳି ଆସନ ।
ଏବେ ମୋ ପାଖରେ ତିନୋଟି ଜିନିଷ
ଦୁଧରେ ପିଇଥିବା ଭାଷା
ରୋଗଶଯ୍ୟାରୁ ମତେ ଉଠେଇଥିବା ପ୍ରେମର ହାତ,
ପରିଷ୍କାର କଳା ସିଲଟ ।

ଜୀବନ

୧

ସବୁଥିଲା ଠିକ
ହାତ ପାଆନ୍ତାରେ ଉଡ଼ିଲା ପକ୍ଷୀ।
ଝରକା ଖୋଲିଲେ ବହି ଆସିଲା ପବନ
ଉଦିଲେ ବୁଡ଼ିଲେ ସୂର୍ଯ୍ୟ ଚଂଦ୍ର
କହିଲେ, ଆଖି ହିଁ ତୁମର ମଂତ୍ର
ଅଂଗୁଳି ତୁମର ଅସ୍ତ୍ର।

ଶୀତରେ ଆସିଲା ମାଲ୍ୟାଣୀ ଝିଅ
କହିଲା, ଚାରିପାଖେ ଖରାର ଫୁଲବନ।
ଠିଆ ହେବାକୁ ଭୂମି ଚାହିଁଲା ପାଦ
ମାଟି କହିଲା ଯୁଦ୍ଧ କରି ନିଅ।

୨

ଦିନେ ତାରା ପୋଛିନେଲା
ମୋ କପାଳର ଜନ୍ମଚିହ୍ନ
ପବନ କଚାଡ଼ିଦେଲା ମାଟିରେ
ଯଥେଷ୍ଟ ହେଲା ଉଡ଼ାଣ।
ଧୂଳି ମତେ ଝାଡ଼ିଝୁଡ଼ି ଠିଆ କଲା ଯେଉଁଠି
ଚାରିପାଶେ ସାପ, ଚଂଦନର ବନ
ପଦ୍ମତୋଳା ଶିଖାଉଛି
ଶାଂତ ସପ୍ରତିଭ ଏ ମୋର ଜୀବନ।

ଫୁଟପାଥ

୧

କିଛି କଥା ଅଛି
ଜାଣି ହେଉନି।
ସୂର୍ଯ୍ୟର ଉଚ୍ଚାଂଗ ତାପ
ତାକୁ କହିନି
ଚେର ତାକୁ ଭେଦିବାକୁ
ଯାଇଛି ଗହୀରକୁ
ଆଉ ଫେରିନି।

୨

ଫୁଲ ପ୍ରଜାପତିର ମିଠା କୋମଳତା
ନର୍ଦ୍ଦମାର ଶୁଦ୍ଧ ଇତରତା
ନିଜ ବାଗରେ କହିଛି କିଛି।

୩

ରାସ୍ତା ସାରା ଗଡୁଛି
ଖରାର କମଳା ଲେମ୍ବୁ
ପଇଡ଼ବାଲୀର ଛତାର ଛାଇକୁ ଆଉଜି
ଶିଶୁ ଭିକାରୁଣୀ ପଇଡ଼ ଗଣୁଛି।
ସମୟ ଆଗକୁ ନିଷ୍କଳା
ପଂଜୁରୀ ଭିତରେ ଶୁଆକୁ
ଗଣକ କହୁଛି।

୪

ସାରଥୀକୁ ଯୁବତୀ କହୁଛି
ଗାଧୋଇ ଆସ
ପାଣି ଭିତରେ ଯଦି ଦେଖ
ଆଉ କାହାକୁ
ମୋ ପାଇଁ ଫେରିବନି
ନାକ ସିଧା ଯିବ
ଦିନେ ତାକୁ ଭେଟିବ।

୫

କଥା ବାହାରେ କି କଥା ଅଛି
ସମାଂତରାଳ ଖେଳ ଦେଖାଇ
ଉଡୁଥିବା ପକ୍ଷୀଂକୁ
ଆଗକୁ ବଢିବାକୁ ଦେଇ
ମୁଁ ଏଠି ଟିକେ ଅଟକି ଯାଉଛି।

ମୁଦ୍ରା

ନର୍ତ୍ତକୀ ପିଠି ଦେଇ ମୁଣ୍ଡ ଉପରେ
ସବୁଜ ଓଢଣା ହଲାଇଲେ
ବୁଝିଯିବା
ଧାନଶୀଷା ନାଚୁଛି ପବନରେ।

ବାହୁର ଲତା ଖେଳାଇଲେ
ବିଚକ୍ଷଣ ଆଲୁଅ ସମ୍ପାତରେ
ନଈ ବୋହିଯିବ।
ଆକଟ ମୁଦ୍ରାରେ ଉଠାଇଲେ ତର୍ଜନୀ
ଧୂଳି ଖେଳ ଛାଡ଼ି
ଶିଶୁ ଝମ୍ପାଇ ଆସିବ
କୋଳ ଉପରକୁ
ବୃକ୍ଷମୁଦ୍ରାରେ ଝଲସି ଉଠିବେ
ଆଧ୍ୟାତ୍ମିକ ସଂଘମିତ୍ରା।

ତେଣୁ ମଂଚ ପଛପଟେ
ଉନ୍ନୟନର ବୈଠକ
ଯେମିତି ଚାଲୁଛି ଚାଲୁ।

ଅଣ ଇତିହାସ

ପବନର ଦିଗ ବାରିପାରିନଥିଲି
ସମୟ ଫିଂଗି ଦେଲା ତା ପିଠିରୁ
ଇତିହାସ ବି ରଖିଲା ନାହିଁ।
ଦୁର୍ଗ ପରି ମଜବୁତ ନୁହେଁ
ପ୍ରେମ ସମାଧି ହେବା ଭଳି
ନୁହେଁ ସମର୍ପିତ
ଇବାଦତଖାନାର ରହସ୍ୟ
ନାହିଁ ମୋର।

ନିଜ ଫୁଲରେ ମୁଗ୍ଧ
ମୋର ଘାସପଣ
ତାଳଗଛର ପକ୍ଷୀବସା ଝଡ଼ଚ୍ୟୁତ
ମୋ ଘରର କୋଣ।
ଆରୋହଣର ରାଜସିକ କଳାକୌଶଳ
ଶିଖେଇନାହିଁ କେହି ପର୍ବତାରୋହୀ।

ଛିଟିକି ପଡ଼ିଥିବା ବୀଜର
ଅଯତ୍ନବର୍ଦ୍ଧିତ ଗଛ ପରି
ହେ ମାଳୀ ଉଦାସୀନ ଚାଲିଯାଅ ପାଖ ଦେଇ
ଯେମିତି ସମୟ
ଉଦ୍ଧତ କେଶର ଉଡ଼େଇ।

ଶୀତରାତି

ତୋର ମୋର ନିଃସଂଗତା
ଏବେ ମୁହାଁମୁହିଁ
ମଝିରେ ବଢ଼େ ବରଗଛ
ଘନ ଡାଳପତ୍ର ନେଇ।

ଗୀତ ତୋର ଅଗ୍ନି ପରି
ବଢ଼ାଏ ହାତ
ମୋର ଦେହ ହିମଖଣ୍ଡ।

ଏଇ ରାତି ହିଁ ବୁଝିଛି
ଆମର ମିତ୍ରପଣ
ଆମକୁ ତ ଭରିବାର ଅଛି
ପୃଥିବୀର ସବୁ ଶୂନ୍ୟସ୍ଥାନ।

ଘରକୁ ମଣିଷ
ଜମିକୁ ଶସ୍ୟ
ଜଳରେ ଭରିବାର ଅଛି ଶୁଷ୍କ ନଦୀ।

ଚାଲ ଆମେ ପୁଣି ଥରେ
ମେଘ ହେବା, ମାଟି ହେବା
କଠୋର କୁତ୍ସିତ ଶବ୍ଦ

ଅଂଗୁଳି ଚଳାଇ
ନିଦ ପରି ସ୍ନିଗ୍ଧ କରିଦେବା।

ଇଏ ସେହି ଋତୁ
ସକଳ ଶୂନ୍ୟତା ରଂଗ ମାଗିବ
ଯାବତୀୟ ଦୁଃଖ
କୁହୁଡ଼ିରେ ସମଭାଗ ହେବ।

ଏଇ ନିକାଂଚନ ରାତି ପାଖକୁ ଯିବା ଆ
ଶୋଇ ପଡ଼ିଥିବା ଲୋକଂକର
ଫସଲ ଜଗିବା।

ଗଛ

ଯେତେ ଥର ପ୍ରେମ ଆସିଛି
ମତେ ରୋପି ଦେଇଛି ଗଛ କରି
ଯେମିତି ମୁକ୍ତ ଭାବେ
ଖେଳିପାରିବେ ମୋ ସହ
ପବନ, ସୂର୍ଯ୍ୟାଲୋକ
ଯେମିତି ଆହୁରି ଗଭୀର ହେବି
ମାଟିକୁ ଯିବି ଜଳ ଆଣିବି।

ଖରାଦିନର ଚଢେଇଠୁ ଗୀତ ଶିଖିବି
ଶୀତଦିନର ଚଢେଇଠୁ ଗୀତ ଶିଖିବି।
ହାତ ବଢେଇ ଛୁଇଁ ପାରିବି
ଆଖପାଖର ଗଛମାନଂକୁ
ସବୁଜ ଲତା ନୀଳ ସାପ
ଦେହରେ ଗୁଡ଼େଇ ହେଇପାରିବି।

ବାଳକ ବାଳିକା
ନିର୍ବାଧରେ ଛିଣ୍ଡେଇ ପାରିବେ
ମୋର ଫୁଲଫଳ
କାଠୁରିଆ ନିଧଡ଼କ ମାରିପାରିବ
ଚୋଟ ପରେ ଚୋଟ।
ନିଜ ଭାଗ୍ୟ ନିଜେ ତିଆରିବି

ଚାହିଁବି ତ ସେଠି ହିଁ ଥିବି ସମାଧିସ୍ଥ
ଚାହିଁବି ତ ଦୂରଦୂର ଜନପଦ ଯିବି
ଫୁଲ ହେଇ ଫଳ ହେଇ
କାଠୁରିଆର ବୋଝ ବୋଝ
ହସଖୁସି ହେଇ।

ଯେବେ ବି ପ୍ରେମ ଆସିଛି
ମତେ ରୋପି ଦେଇଛି
ଠିକ ଗଛ ପରି।

ହ୍ୟାନସି କ୍ରୋନିୟେ

ତୁମକୁ ଜଣା ଥିଲା
ଶୀତଳ ପ୍ରଶ୍ନ ପଚାରୁଥିବା
ଲୋକଂକର ଇତିହାସ।

ଥରେ ଅସ୍ୱୀକାର
ଥରେ ଅଂଗୀକାର ପରେ
କାଚକାଂଥର ଯାବତୀୟ କାରୁକାର୍ଯ୍ୟ
ଧସି ଯାଇଥିଲା
ଗାଉଁଲୀ ଭୂମିକମ୍ପରେ।

ବାଇଶ ଗଜର ଦୌଡ଼ାଳୀମାନେ
ଥମି ଯାଇଥିଲେ
ବାଉଣ୍ଡାରୀ ଓ ଆକାଶକୁ ଯୋଡୁଥିବା
ଖରା ମଝିରେ।
ପାରଦର୍ଶୀ ବିପଣନର ଭୂଲତା
ଟିକିଏ କୁଂଚି ଯାଇଥିଲା।

ସାଂସ୍କୃତିକ ରାଜଦୂତମାନେ
ଖାଇବା ଟେବୁଲର ଧୂଳି
ଝାଡ଼ିବାର ଚେଷ୍ଟାରେ
କଟାଇଥିଲେ ଦିନ କେତୋଟି।

ତୁମର ପ୍ରୟୋଜନୀୟ ଅଶ୍ରୁ
ପ୍ରେମିକର ଗଭୀର ବଳିରେଖା ତଳେ
ଚକଚକ ମୁକ୍ତା ପରି
ଦିଶିଥିଲା ମୁଗ୍ଧା ତରୁଣୀଙ୍କୁ
ଇଂଗିତ ପରି ତୁମ ସମାନଧର୍ମାଙ୍କୁ।

ଥରେ ଜିତି ଥରେ ହାରିଥିବା
ହାରିଯିବାର କଳା ଦିନକୁ ବିକ୍ରି କରି
ଜିତିଯିବାର ଜୁଆଡ଼ି ଇତିହାସ
ତୁମର ନ ହେଉ କ୍ରୋନିୟେ।

ଇତିହାସ ବରାବର କ୍ଷମାହୀନ
ଆଜି ସଂଧାର ମାଲବାହୀ ଜାହାଜ
ଭେଟିଥିବା କୋହଲା ପାଗ ପରି।

ଦୁଃସାହସ

୧
ଅଂଧାର କୁହୁଡ଼ିର କବାଟ
ଠେଲି ଦେଇ ଆସିଛି
ଉଷୁମ କୋଳର ନିରାପତ୍ତା
ଆଉ ଯାଚନାହିଁ।
ମତେ ହଲିଲା ପାଣିର ଭୟ
ଦେଖାଉଛ କଣ
ମୁଁ ତ ସମୁଦ୍ରକୁ ଲମ୍ଫ ଦେବାକୁ
ତିଆର ହେଇ ଆସିଛି।

୨
ବାଘ ପରି ମୁହଁଟିଏ
କାଢିନେଲା ମୋର ନିଦ
ଗଭୀର ଜଳର ହ୍ରଦକୁ
ସେଠି ବାଘ ଓ ଚଂଦ୍ରର
ଉଥାଳି ପୁଥାଳି ଲୁଚକାଳି ଖେଳ।

୩
ଦୋଷ ନା ପାହାଡ଼ର
ନା ସୂର୍ଯ୍ୟର
ନା ବସଂତ ଋତୁର

ଜମାଟବାନ୍ଧା ମୋର ବରଫ ଇଚ୍ଛା
ଥରେ ତରଳି ଯିବାକୁ
ମନ କରିଥିଲା ।

୪
ପାପୁଲିରୁ ଝରିଯାଇଛି ପାଣି
ମୁଁ ତାକୁ ଶୁଖିବାକୁ ଦେଉନି ।
ପବନର ପ୍ରତିକୂଳରେ
ଆଢୁଆଳ କରି ରଖିଛି ତାହା
ଯେମିତି ଦୀପଶିଖା ।

ଅନାହତ

ଶୂନ୍ୟ ପଡ଼ିଆର ଦୌଡ଼ାଳୀମାନେ
ତୁମକୁ ଆଉ ଏଠିକି
ଫେରିବାକୁ ଦେବିନାହିଁ।

ମୁଁ ଯଥେଷ୍ଟ
ଭରିବାକୁ ରଂଗ ମାନଚିତ୍ରରେ
ରେଳଧାରଣାରୁ ଶବ ଉଠାଇବାକୁ
ଭୋରବେଳ ମୁଗ୍ଧ ନିଦର।

କଲମର ନିବ ମୋଟା ମୁନିଆ ହେବାଠାରୁ
ବେଶୀ କିଛି ପରିବର୍ତ୍ତନ ହେବ ନାହିଁ।
କାହାର କାଂଧ ଲୋଡୁନାହିଁ
ଶୋକର ଶବ ରଖିବାକୁ
ସେଥିପାଇଁ ମୁଁ ଯଥେଷ୍ଟ।

ପୁରୁଣା ପତ୍ରର ନିର୍ମୋକ ଝରିଯାଉ
ଋତୁ ବିଦାୟ ନେଉ
ଭୋରର ସୁଖନିଦ ସହ।
ସାରାରାତିର ଗରମ ଲେଉଟାଇ ପାଲଟାଇ
ତାପମାତ୍ରା କମିଯାଉ ହିମାଂକ ନିମ୍ନରେ।
ଗମ୍ଭୀର ପ୍ରଜାପତି ଦରଜାରୁ ଉଡ଼ିଯାଉ

ବିସ୍ମିତ ଡେଣା ନେଇ
ଯେଉଁଠିକି ଇଚ୍ଛା ସେଇଠିକି ।

ମୋ ମୁହଁରେ, କଣ୍ଠସ୍ୱରରେ, ଆଖିରେ
ଯେ ଅନ୍ୟ ଜଣକ ଆଜି ଚାଲବୁଲ କରେ
ସେ ଯାଉ କାବ୍ୟବୋଧକୁ
ଲଳିତ, ଧୈବତ, ନିଧନି, ଗମଗମ
ଯାହାପାରୁ ଛୁଇଁ ଆସୁ ।

ଫେରିଯାଉ ଗଭୀର ରାତିରେ
ଶ୍ରୋତାଂକ ସାଂଗରେ
ଭଲ ମଂଦ ଆଳାପ ଜମାଇ ।
ଯାବତୀୟ ନୃତ୍ୟ କାରସାଦି ଦେଖାଇ
ଉଡ଼ନଚଣ୍ଡୀ ପୋକ
ପଶିଯାଉ ଝିଟିପିଟିର ମୁହଁ ଭିତରକୁ ।

ଧୂଆଁଧାର ତାନ ଓ ସର୍ଗମ
ଭିତରୁ ବାହାରି ଆସିବା
ସହଜ କଥା ହେଇଛି ?
ମଧ୍ୟମ ପାଦର କାରିଗରି
ଶିଖୁଛି ବୋଲି ସିନା ।

ଗଛ କାହାଣୀ

ଗଛ ଭାବୁଥାଏ
ତା ମର୍ଜିରେ ଅଛି ଛାଇ
ଚାହିଁଲେ ବିସ୍ତାର ଦେବ
ବା ନେବ ଓହରାଇ।

ତା ପାଇଁ ବସଂତ ଆସେ
କୁନିକୁନି ଚଂଚୁର ଚହଲ
ନାନା ରଂଗର ପତ୍ର ଫୁଲ ଫଳରେ
ଓହଳି ପଡ଼େ ସକାଳର ଭାର।

ଗଛ ଭାରି ସମ୍ମାନିତ
ତା ଦେହେ ମିଶିଛି ଆମ ପୂର୍ବଜ ନିଃଶ୍ୱାସ।
ସେ ଜାଣେ ନାହିଁ
ଅନତି ଦୂରରେ ନିଆଁ ଲଗାଉଛି କେହି।

ସେ ଲୋକ ଭାବୁଛି
ନିଆଁ ତାର ଆୟତ୍ତରେ ଅଛି
ଯେଣୁ ହାତରେ ମାଚିସ।

ଗଛ ସବୁଦିନ ଭଳି ସଭିଂକ ଶୋଷକୁ
ଆଣୁଛି ମାଟିର ପାଣି
ଗଛ ଜାଣେ ନାହିଁ
ଏ ଜାଗାରେ ଦିନେ
ସେ ଲୋକ ରହିବ
ମାଟିସ ରହିବ
ନିଜେ ସେ ରହିବ ନାହିଁ।

ବୁଢାଲୋକ

ପାହାଡ଼ ଆଗରେ ପଛରେ
ବାମ ଡାହାଣରେ
ଶୀତ ଥୁରୁଥୁରୁ ବୁଢାଟିଏ ବସିଛି ସଂଜବେଳେ
ଧୁନି ଜାଳି ମଂଚାରେ।

ପକ୍ଷୀଂକୁ ଫେରେଇ ନେଇଛି ରାତିର କୁହୁକ
କ୍ଷେତର କୁହୁଡ଼ି କୁଣ୍ଡଳୀ ହେଇ
ଧୀରେଧୀରେ ମେଘ।
ଆକାଶରୁ କାକର ଝରୁଛି ଠପଠପ
ବୁଢାର କୁହୁଡ଼ି ଆଖି
ସାରାରାତି ହାଡ଼ ମାଂସ ରକ୍ତ ବରଫ କରି
ମକାକ୍ଷେତକୁ ଦୂର ଜଂଗଲକୁ
ହେଣ୍ଟାଳକୁ ଜଗିଛି।

ସାହୁକାରର ଋଣର କ୍ଷତ
ପିଠି ସାରା ଦୁଲୁକୁଛି।
ଝୋଲାଟଂକା ତାର ନା ପୂର୍ବପୁରୁଷର
ନା ଜମାନ ଭୋଗର।
ପ୍ରତିବର୍ଷ ଧରତନୀର କ୍ଷୀରପିଇ
ମକାକ୍ଷେତ ସୁନା ହେଇଯାଏ
ସାହୁକାରର ଖଳା ଭରିଯାଏ ସୁନାରେ ସୁନାରେ।

ବୁଢାର ପିଠିରେ ପ୍ରତିବର୍ଷ
ବଢିଚାଲେ ସୁଧର କ୍ଷତ
ସର୍ବାଂଗରେ ଚରି ବୁଲେ।
ବାଘ ପରି ଖରା ସହ ଲଢିଲଢି
ବୈଶାଖ ଜ୍ୟେଷ୍ଠରେ ପୁଣି ଲଂଗଳ ବୁଲାଏ।

ବୁଢାର ଗୀତ ପକ୍ଷିଏ ନେଲେ
ବୁଢାର ଫସଲ ବାଘକୁ ଦେଲେ।

ଏବେ କ୍ଷେତ କହିଲେ ଲୋକ
କ୍ଷତ କହିଲେ ଲୋକ
ମକା ପକ୍ଷୀ ଗୀତ କହିଲେ ବି
ସେଇ ବୁଢାଲୋକ
ଯେ ବିନା ନାଁରେ ଜନ୍ମ ନିଏ
ମାଟି ତାଡ଼େ
ଫସଲ ଫଳାଏ
ବୟସ ନଜାଣି ମରିଯାଏ
ସାଉକାରର ଫସଲ ଫଳାଇବାକୁ
ଧୂସର ମାଟିକୁ
ବାରବାର ଫେରି ଆସୁଥାଏ।

ପବନ ଲେଖୁଛି କବିତା

ପବନ ଲେଖୁଛି କବିତା
ଡାଏରୀ ପୃଷ୍ଠା ଓଲଟି ଯାଉଛି
ଡାହାଣରୁ ବାମ ବାମରୁ ଡାହାଣ ।

ପବନ ଜାଣିଥିଲା ଚବିଶ ଘଣ୍ଟା ଆଗେ
ଏଇ ଆକାଶ ତଳେ
କେଇ ଶହ ମାଇଲ ଦୂରର ଗାଁ
ଚାଷୁଣୀଂକ ରକ୍ତରେ
ଶିଶୁ ଓ ଯୁବକ ଛାତିର ତାଜା ରକ୍ତରେ
ଲେଖା ହେଲା ତାର ନାଁ ।

ରକ୍ଷକ ପୋଷାକରେ ଭକ୍ଷକ ପଶୁଥିଲେ
ନଈକୂଳିଆ ଘରେ ।
ବୃଦ୍ଧା କାଂଦର ଆଖପାଖରେ
ଠିଆ ହେଇଥିଲା କବିତା ।
ତାର କବି ଜହ୍ଲାଦର
ସଭାକବି ଆସନରେ ମାଳ ପିଂଧୁଥିଲେ ।

ଗ୍ରାମବାସୀଂକ ନିତାଇ ଗୌର ବେଦୀ ତଳେ
ମୃଦଂଗ ସହ ବାଜୁଥିଲା କରତାଳ
ନଈବାଲିରେ ନମାଜ ପଢୁଥିଲେ ଭାଇ ବିରାଦର ।

ଗୁଳିରେ ଥିଲା ଘୃଣା
ଯୁବକର ଛାତି, ଶିଶୁର କପାଳ
ବୃଦ୍ଧାର ମୁଣ୍ଡ ପଛପଟ ବିଦ୍ଧ କଲା
ରକ୍ତର ରଂଗ ଓ ଆକୃତି ଘେନିଲା
ଗାଉଁଲୀ ବାଲିକଣା ।

କିଛି ମାଟି ଉଡ଼ିଗଲା ପବନରେ
କ୍ଷେତ ଓ ଭିଟାମାଟି ରକ୍ଷା ପାଇଁ
ଶେଷତମ ପ୍ରାର୍ଥନା ।
ନିର୍ଦ୍ଦିଷ୍ଟ ନାଁ ଅଛି କି ଏଇ ଗାଁର
ଅତୀତ ବର୍ତ୍ତମାନ ବା ଭବିଷ୍ୟତରେ
ଉନ୍ନୟନ ମୁଖର ଭାରତବର୍ଷର ।

ଶବ୍ଦଯାତ୍ରା

ଶବ୍ଦ ମୋର କେତେ ଦୂର ଯିବ
ବିପ୍ଳବର ଅଗ୍ନି ଅସ୍ତ୍ର
ପଥିକର ଦିଗବାରିଣୀ ହେବ !

ଶବ୍ଦର ଦର୍ପଣ ଦେହ
ଠିକ ଭାବେ ଦେଖାଇନି ମୋର ମୁହଁ
କେବେ ରକ୍ତ କେବେ ଶ୍ୱେତ
କେବେ ଅବା ଶ୍ୟାମଳ ନୀଳାଭ
ନିଜସ୍ୱ ମରୁଭୂମି ସାରା ଶବ୍ଦର ବାରିପାତ।

ଶବ୍ଦ ଶିଖାଉଛି ଖେଳ
ଅଗ୍ନି ଆଗରେ ବରଫ ପରି
ତରଳିବାର କୌଶଳ।
ଜଳ ହିଁ ତ ଧୋଇଦେବ
ନିୟତ ସମର୍ପଣର ଶୋକ।

ଶବ୍ଦ ମୋର ପରିଚ୍ଛନ୍ନ ପୋଷାକ, ଚମତ୍କାର ପ୍ରସାଧନ
ଅଭିମାନକୁ କରିପାରେ କଳହାସ୍ୟ
କପାଳର ବଳିରେଖା ପରି
ଗାଲରେ ଲୁଚାଇଦିଏ ଲୁହର ଦାଗ।

ସଂସାର ମତେ ଶିଖାଇଛି, ଶବ୍ଦ କେମିତି ସବ୍ୟସାଚୀ
ଘାସ ପରି ତାତକ୍ଷଣିକ ନରମ ନୀଚ
ଆକାଶ ପରି ଗରୀୟସୀ ।

ଶବ୍ଦ ମୋର ମାହେଂଦ୍ର ଲଗ୍ନ
ଏକାସଂଗେ ପତ୍ରର ପତନ
ଓ ପକ୍ଷୀର ଆଗମନ ।

ସଭ୍ୟତା

ଜଳମଗ୍ନତାରେ ବଂଚିଯାଏ
ପିମ୍ପୁଡ଼ିର ପତ୍ରେ ଆୟୁଷ
ସକାଳର ଡାଳ ଲେଖୁଥାଏ
ପକ୍ଷୀ ଚଂଚୁ ଘଷିବାର କବିତା ।

ସଭ୍ୟତା ଖାଲି ପ୍ରାଚୀର ଗଢେ
ମୂର୍ତ୍ତି ବସାଏ ରାସ୍ତା ଲମ୍ବାଏ
କେବେ ମୁହାଁମୁହିଁ
କେଉଁଠି ବିପରୀତ ମୁଖୀ ।
ଲକ୍ଷ୍ୟସ୍ଥଳରେ ଖାଦ୍ୟ ପୁଡ଼ିଆ ପଡ଼ିନପାରି
ବହିଯାଏ ସ୍ରୋତରେ
ଯଂତ୍ର ନୁହେଁ ଯୁଦ୍ଧ ନୁହେଁ
ଖାଲି ସାଦାସିଧା ପ୍ରକୃତି ହିଁ
ଅବରୋଧ କରିପାରେ ବାଟ ।

ସଭିଂକ ଶୋଇବା ପରେ
ଚୁପ କାଂଦଣା ନେଇ
ଗୀତ ବାଂଧେ ସେଇ ପବନ ।
ଯୁଦ୍ଧ ସରିବା ପରେ ବି ସରେନା ଯେଣୁ
କାହାରି କାହାରି ଥମେନା କଲମ ।

ପରିଣତ ଆଖି ଦେଖିଥାଏ
ନିଆଁ ଜଳିବା ଓ ଲିଭିବା
ନିଜ ବାଗରେ ଆଣନ୍ତି ସୁସମୟ ।

ଆବୁଡ଼ା ଖାବୁଡ଼ା ମୋର
ବାଲ୍ୟକାଳର ତ୍ୱକ
ପାଇନି ତ କେବେ
ମୁଲାୟମ ପ୍ରଲେପ
ଅଶାନ୍ତ ମୁଁ ଚିରକାଳ
ଶାନ୍ତ କବିତା ଲେଖେ ।

ବାରୁଦ

୧

ଆମ ଭିତରେ ବାରୁଦ
ପରୀକ୍ଷିତ ହୋଇନି
ଉଠିବା ବେଳୁ ମଧ୍ୟଯାମ
ତେଣୁ ଏତେ ଉଚ୍ଛନ୍ନ।

୨

ଗଛ ତଳେ ଆତ୍ମବିସ୍ମୃତ ଚୁଲି
ଛୁଂଚି ମୁନରେ ବାରୁଦ ଦେଖେ
କିଛି ମନେ ପଡ଼େ ତାର
କହେ, ଉଡ଼ାଅ ପକ୍ଷୀରାଜ।

୩

ଆଖି ମୋର କରୁଛି
ବିଷୟବସ୍ତୁର ଛଳନା
ତୁମଠାରୁ ହାତେ ମାପି
ଚାଖଣ୍ଡେ ଚାଲୁଛି ତାର ବାସ୍ନା
ବାରୁଦର ଧୂଆଁରେ ଅତିଷ୍ଠ
କହୁଛି ଏ ଧୂପ।

୪
ପବନକୁ କୁହ କିଛି
ମୁଁ ଏଠି ଶୁଣିନେବି
ଶୀତ ଗାଇବ
 ଅକସ୍ମାତ ଉଷ୍ମତାର ଗୀତ
କଥାର ବାରୁଦରେ
ନଥିବ ଆଦୌ ଦାଗ।

୫
ବାଜି ରଖିଲି ଏଇ ମୁହୂର୍ତ୍ତକୁ
ଆଜି ନ କୁହ ତ କେବେ ନ କୁହ
ପରୀକ୍ଷିତ ହେବା ଆଗରୁ
ସମାହିତ ହେଉ ବାରୁଦ।

ଅଗ୍ନି ଆବିଷ୍କାର

ସେଦିନ ହଠାତ
ମଶାଲ ଲିଭିଗଲା ।
ପାହାଡ଼ ଶୀର୍ଷରେ ହରିଣୀମାନେ
ପ୍ରପାତ ପତନ ଅଟକେଇ
ବୁଲି ପଡ଼ିଲେ ଶିକାରୀଂକ ଦିଗକୁ ।

ଚମକି ଉଠିଲା ତୀକ୍ଷ୍ଣ ଶିଂଘ
ତୀବ୍ରଗତିରେ ଝଲସି ଉଠିଲା
ନକ୍ସାଦାର ତନିମା ।
ପାଦେ ଦୁଇପାଦ ସାତପାଦ ସହସ୍ରପାଦ
ଘନଘୋର ଜଂଗଲ ଭିତରେ
କେଉଁଠି ହେ ମୋର ଗୁହା ତମ୍ବୁ
ବୃକ୍ଷର ଘଂଚ ଆଶ୍ରୟ ।

ମୁଁ ଖୋଜୁଛି ଅଗ୍ନିର ପଦାବଳୀ
ଯାହା ରକ୍ତରୁ ନିଗାଡ଼ି ଦେବ ବିଷ
ଉତ୍ତପ୍ତ ତୀକ୍ଷ୍ଣ ତୀର
ଖୋଜିନେବ ମୋର ଅସ୍ଥି ମାଂସ ।

ଶିଖା ଅନିର୍ବାଣ
ତୁମର ରହସ୍ୟ କୁହ

ଜଣାଶୁଣା ଇଂଧନର ଉତ୍ତରଣ
ତୁମେ ଆମର ତମ୍ବୁର ଆଶ୍ରୟ
ଭିତରେ ଯେତିକି ତେଜୋଦୀପ୍ତ
ସେତିକି ଘନଘୋର ବର୍ଷାରେ
ମୁଁ ଦଦରା କାନି ପରି ଭୀତ
ହରିଣର ଖୁରା ତଳେ।

ହେ ସୁବର୍ଣ୍ଣ ରହସ୍ୟ
କ୍ଷୟିତ ସମୟ ଦେହରୁ
ରସ ନେଇ ଜଳ ଅନିବାର
ଏଥର ଶିକାରୀ ଓ ଶିକାର ତତ୍ତ୍ୱ
ଖାଲି ଖେଳ ଅନଳର।

ନାରୀ ଯେବେ କଲମ ଉଠାଏ

ନାରୀ ଯେବେ କଲମ ଉଠାଏ
ମୁଣ୍ଡ ଟେକନ୍ତି ଅରଣ୍ୟ ଓ ମାଟି ।

ନାରୀ କଲମ ଉଠାଇବାକୁ
ଅପେକ୍ଷା କରିଥାଂତି ଅହଲ୍ୟା ବର୍ଣ୍ଣମାଳା
ଭୂମିକା ବୁଝିନଥିବା ଭୂମିସୁତାର ନୀରବତା ।

ଲମ୍ବିଯାଏ ସେମାନଂକ ଛାଇ
ପ୍ରଗତି ଝଲସିତ ରାସ୍ତାରେ
ଠିଆହୁଏ ମୁଖତାରନ ବାଇ ।

କଲମ ତାର କାଳିଗାଈ
ଘାସରେ ମୁହଁ ଡୁବାଏ
ଅନାଥ ସ୍ୱପ୍ନର ଶିଶୁଂକୁ କ୍ଷୀର ଦିଏ ।

ନାରୀ କଲମ ଉଠେଇଲେ
ବିଳମ୍ବିତ ପିଂଗଳା ରାତି ପାହୁଥାଏ
ସୁପ୍ତ ଆଗ୍ନେୟ ଗିରିର ନିଦ ଭାଂଗେ
ଶ୍ରୀଚରଣେଷୁ ଦାସୀ, ସତୀ ଶିରୋମଣି
ଯାଆଂତି ଖରାର ଅଭିସାରରେ ।
ପଦ୍ମିନୀ ଭ୍ରୂଣର କାଂଦ

ପଦାଘାତ କରି ଭାଂଗେ ନାଗରିକ କବାଟ।
ନାରୀ ପୁରୁଷକୁ ମାଗେନି ହେମ ହରିଣୀ
ମାଗେ ହୃଦୟ ଆସନ
କୁଡ଼ିଆକୁ ଲିପାପୋଛା କରୁଥାଏ
ନିତି ନିତି ବିସ୍ଥାପିତ ଥଇଥାନ।
ନାରୀଠାରୁ ବେଶୀ କିଏ ବୁଝେ
ରକ୍ତସ୍ନାନ କଣ।

କଲମ ତାର ନଈ
ନିଜ ପାଇଁ ସଂଚି ରଖି
ବାକି ତକ ବାଣ୍ଟିବାର କଳା ଶିଖି ନାହିଁ।

ନଦୀ ତାର ଦୁଇ କୂଳ ପ୍ଳାବୀ
ନୀଳିମାଠୁ ବେଶୀ
ବିକଟାଳ ସାପ ଓ କୁମ୍ଭୀର।

କଲମ ତାର ଅସ୍ତ୍ର
ଅଂଧକାର ଶାଣ ଦିଏ
ଅପମାନ ପିଂଧାଏ କବଚ
ବାଧା ସ୍ଥିର କରେ ଲକ୍ଷ୍ୟ
ଶବ୍ଦ ତାକୁ ଝଡ଼ର ଗତି ଦିଏ।
ନାରୀ ଯେବେ କଲମ ଉଠାଏ
ନାରୀ ଯେବେ କଲମ ଉଠାଏ।

ବାଟ

ଇଚ୍ଛା ଥିଲା ସୂର୍ଯ୍ୟ ହେବି
ସେ କହିଲା ଯିବ ଦିନେ ଅଂଧାର ଗର୍ଭକୁ
ମୁଁ କଣ ସହିପାରିବି
ଏକାସଂଗେ ଉତ୍ତାପ ଓ ଶୀତ।

ଭାବିଲି ମୁଁ ହେବି ଜହ୍ନ
ସେ କହିଲା ଦିନୁଦିନ
ମୁଁ କ୍ଷୟର ପ୍ରମାଣ
ଅଭାବ ଓ ପୂର୍ଣ୍ଣତାକୁ
ଏକାଭଳି ଭୋଗିବାକୁ
ମୁଁ କଣ ଭାଜନ।

ତାହେଲେ ମୁଁ ଗଛ ହେବି
ଦିନ ରାତି ପୁଣ୍ୟ ସଜାଡ଼ିବି।
ଗଛ ଦେଖାଇଲା ଡାଳ
କାମନାର ଲାଲ ଶ୍ୱେତ ଡୋର
ଦେହ ଯାକ କୁଠାରର ଦାଗ
ମୁଁ କଣ ହେଇପାରିବି
ଏକାସଂଗେ ନିତ୍ୟ ଜାଳେଣି ଓ
ଚିରଂତନ ଦିବ୍ୟ।

ମୁଁ ଏଣିକି ବାଟ ହେଲି
ଆଗକୁ ଆଗକୁ ଲମ୍ବିଗଲି
ମୋ ସହ ଚାଲିଲେ
ସୂର୍ଯ୍ୟ ଚଂଦ୍ର ଗଛ
ମୋ ଭଳି ଆସକ୍ତ ଓ ନିରପେକ୍ଷ ।

ବୁଣାକାର

ପବନରେ ଶୁଖିଲା ପତ୍ର
କେବେ ନିଆଁର ଫୁଲକ୍ଷେତ
ଲୁଗା ବୁଣୁଛି ମୋ ପାଇଁ
ବୁଣାକାର ମିତ।

ଦିନର ଉଚ୍ଛଳ ହସ
ରାତିର ଗୋପନ କାଂଦ
ଛଂଦାଛଂଦି ଏ ମୋର ପଣତ।

ଧଡ଼ିରେ ତାର
ପତ୍ର ଉପରେ ପତ୍ର ପଡ଼ି
ଢାଂକି ହୋଇଥିବା ରାସ୍ତା
ପାଣି ଉପରେ ପାଣି
ଜମିଥିବା ନୀରବତା।

ଅଂଧାରରେ ଠିଆ ହେଲେ
ଯିଏ ଦୀପବାଳିକା
ପିଠି ଲାଗିଲେ କାଂଥରେ
ସିଏ ମୁକୁରିକା
ଦେହସାରା ମାଛର ଉଡ଼ାଣ
ଆଉ ପକ୍ଷୀର ବସିବା।

ମତେ ଅବାକ କରି ପ୍ରତିଥର
ବଢ଼ିଯାଏ ଦୈର୍ଘ୍ୟ ପ୍ରସ୍ଥ ତାର
ଏଯାଏ ଭେଟିନଥିବା
ରଂଗର ମୁହାଣ
ମୁଁ ଯେତେ ଦୂର ଯାଏ
ଲମ୍ବିଥାଏ ମୋ ସହ
ତାର ବସ୍ତ୍ର ଅଫୁରାଣ।

ମୁଁ

ଅଘୋରୀ

ମୁଁ ଜନ୍ମିଥିଲି
ଅଘୋରୀ ହେଇ
ଅନାତ୍ମୀୟ ଚୌକାଠ ଡେଇଁ
ଚାରିଦିଗକୁ କାନ୍ଥ କରି
ପାରେ ମୁଁ ସଜାଇ।

ଖାଇ ବଢିଥିଲି
ସଂକୋଚର ଅନିଶ୍ଚିତ ଅନ୍ନ
ଧାଡ଼ିଧାଡ଼ି ପିମ୍ପୁଡ଼ିର ଧାର
ପାରା ବଣି କଜଳପାତିଂକର
ଭୋଜି ସଭାରେ ଆଜି ମୋର
ସମ୍ମାନିତ ଯୋଗଦାନ।

ପଥର

ପଥର ହେବାକୁ ଚାହେଁ
ସେଇ ପାଷାଣ
ବାରବାର ଘର୍ଷଣ
ଓ କ୍ଷୟ ପରେ
ଶକ୍ତି ଅଛି ଅଗ୍ନି ଉତ୍ପାଦନ।

ଆଉ ପରଶ ପଥର
ଯାହାକୁ ବି ସ୍ପର୍ଶ କରିବି
ଫିଟାଇବି ଝର।
ସେହି ପଥର ବି
ମଝି ମଝିରେ କହିଦେବ
ଅଚିହ୍ନା ଦିଗରେ
ବହୁ ପଥ ବାକି।

ପଦାତିକ

ଭାଗ୍ୟ ମୋର ଚିର ପଦାତିକ
ଦିନ ରାତି ଯେଉଁଠି ମିଶଂତି
ମୁଁ ସେହି ରାସ୍ତାର ଜାତକ।
ଯିଏ ବି କରୁ ଅବରୋଧ
ପାଦ ଭେଦିବ ବାଟ
କେବଳ ମୋର ପାଦ ହିଁ
ଅପ୍ରତିରୋଧ।

ଅଂଶ

ବିସ୍ଫୋରଣରେ ନିହତ ସ୍କୁଲ ପିଲା
ଯାର ଛାତି ଉପରେ ଡେଇଁ ଡେଇଁ
ଘରକୁ ଫେରିଲା ନାହିଁ
ମୁଁ ସେହି ଘାସ ପଡ଼ିଆ।

ମାଲିକ ଓ ଅଭିଜାତ ଜୋଇଁ ଦ୍ୱାରା
ଧର୍ଷିତା ଅପ୍ରାପ୍ତ ବୟସ୍କା
ଚାକରାଣୀ ଝିଅର ଜନ୍ମମୃତ କନ୍ୟାକୁ
ଯେଉଁ ଗାଧୁଆ ନଳାରେ ଫିଂଗି ଦିଆଗଲା
ମୁଁ ସେହି ଜଳ ବହମାନ।

ଢେଉ

ଢେଉ ମୋର ପରିଚିତି
ଢେଉ ମୋର ସମାପ୍ତି।
ଢେଉ ସମୁଦ୍ରର କଥନକଳା
ଚଂଦ୍ରାଲୋକ ଛଡ଼ା
ଯାହାକୁ କିଛି ବି
ପ୍ରଭାବିତ କରେ ନାହିଁ।

ନୀରବ ଛାୟା

ମୁଁ ଜଳରେ ପଡ଼ିଥିବା
ଗଛର ଛାଇ
ବେଳେବେଳେ ଲାଗେ
ମାଟି ବା ପାଣି ସହ
ମୋର କିଛି ଯୋଗାଯୋଗ ନାହିଁ।

ଏମିତି ହୁଏତ
ମୋର ଦୁଇ ହାତ
ଏକା ସଂଗେ ଛୁଇଁବାକୁ ଚାହେଁ
ମାଟି ଆଉ ଜଳର ଜଗତ।

ପାଗଳୀ

କେହି ବି ପାଗଳୀ
ମୂଳରୁ ନଥାଏ ନଂଗୁଳୀ
ସମୟର ଦୁଷ୍ଟ ହାତ
ଧୀରେଧୀରେ ଖୋଲିନିଏ
ବିଭିନ୍ନ ଭୂମିକାରେ
ତାର ପଟବସ୍ତ୍ର।

ଯେ ପଣତ ବିଂଚିଦିଏ
ଯେ ପଣତ ପଟି ବାଂଧେ
ତାର ରକ୍ତମୁଖୀ କ୍ଷତ
ରାସ୍ତା ମୋଡ଼ ଫୁଟପାଥରେ
ଅହରହ ଖତେଇ ହୁଏ।

ସବୁ ସ୍କୁଲପିଲା
ତାର ହଜିଥିବା ଛୁଆ
ତିନୋଟି ଇଟାରେ
ସିଝୁଥାଏ ସବୁବେଳେ
ତାର ଲାଲ ଚାହା।

କେବେ କିଛି ଖାଇବା ଦେଖିନି ତାକୁ
ତଥାପି ତା ଶୀର୍ଣ୍ଣ ଦେହ

ଟ୍ରକ ଡ୍ରାଇଭରଂକ ଆଖିରେ
ପୁଷ୍ଟିମୟ ।

ସେ ଅବା ଏମିତି ସଳିତା
ଯାର ଆଉ ନଜଳିବା ପଣ
ଛାତିରେ ଜାକି ଧରୁଥିବା
ତା ପୁଟୁଳି ଭିତରେ
ମୁଁ ଖୋଜିଥାଏ
ମୋର ପିଲାଦିନ ।

ସେ ବୋଧେ ମେଳାକୁ ଆସି
ହଜିଯାଇଥିବା
ପୃଥିବୀର ସବା ସାନଝିଅ
କେହି ତ ତାର ହାତ ଧର
ଧୋଇ ପୋଛି
ଘରକୁ ଫେରାଇ ନିଅ ।

ଅରଣ୍ୟ ବରଣ

ପ୍ରେମ ଅପେକ୍ଷା କରିଥିଲା ଅରଣ୍ୟରେ
ପୁରୁଣା ଗଛର ବକଳ ଗଂଧରେ
ମତେ ଅପେକ୍ଷା କରିଥିବାର ଚିହ୍ନ
ତାର ବର୍ଷ ବଳୟରେ।

ମୁଁ ସମ୍ମୁଖୀନ ହେଲି
ତାର ଆରଣ୍ୟକ ପ୍ରଶ୍ନାବଳୀ।
ପଛକୁ ଆଉ ଫେରିଲିନି
ସେଠି ବି ଥିଲା କଣ
ନିଷ୍ପ୍ରାଣ ମଂତ୍ରର କିଛି ଉଚ୍ଚାରଣ।

ସଭ୍ୟତାର ଏତେ ରାସ୍ତା
କେଉଁଠି ନା କେଉଁଠି ଘର ପାଇଛି।
ଏତେ ପାଖିଆ ଚୁଲା
ଭରି ଚାଲିଛି ଗୃହସ୍ଥର ଭିକ୍ଷା ଝୁଲି।

ମତେ ଏକା ଆସିବାକୁ ହେଲା
ପଥ ପ୍ରାଂତ ଯାଏ
ନିର୍ଜଳା ଉପବାସରେ।

ଏ ଅରଣ୍ୟ ଓ ବେଦୀ
ହାତରେ ହାତ ଘଷି ଅରଣିର ପ୍ରସ୍ତୁତି
ମତେ ନେଇଗଲା
ଶେଷ ହେବାକୁ ନଥିବା ବନବାସରେ।

ଜନ୍ମଦିନ

୧

ଜୀବନ ଏମିତି ଏମିତି ଉପହାରରେ
ଭରି ଚାଲିଛି ମୋର ଜନ୍ମଦିନ
ମୁଁ ଭୁଲିଯାଇଛି
ସାରା ବର୍ଷର କଷଣ।

୨

ଜୀବନକୁ ଲାଜ ଲାଗିଥିବ
ମତେ ଏମିତି ନିଃସ୍ୱ ନଗ୍ନ
ପୃଥିବୀକୁ ଆସିବା ଦେଖି
ତେଣୁ କବିତାର ଝୀନବସ୍ତ୍ର
ପିଂଧାଇ ଦେଇଛି।

୩

କେହିବି ନଥିଲେ ସାକ୍ଷୀ
ପ୍ରସବମୁଖୀ ନାରୀ
ବର୍ଷୁକୀ ଶୀତର ରାତି।
କିଏ କହିଲେ ମଧ୍ୟଯାମ
କେହି କହିଲେ
ବ୍ରାହ୍ମ ମୁହୂର୍ତ୍ତର କ୍ଷଣ।
ମୁଁ ତେଣୁ କବିତା ସହ
ପାଳେ ମୋର ଜନ୍ମଦିନ।

କାଳିଜାଈ

ଯାଉଥିଲି ତୁମ ପାଖକୁ
ଝଡ଼ ଆସିଲା, ଗଭୀର ଗଣ୍ଡରେ
ନ ପାଇଲା କାତ
ଦିଶିଲାନି କଳା ଘୁମର ପାଣି ତଳେ
କଠିନ ପାହାଡ଼
ଡଂଗା ଚୂନା ହେଇଗଲା ।

ଭାଂଗିଗଲା ଚୂଡ଼ି ଓ ପାଉଁଜ
ଲିଭିଗଲା ସିଂଦୂର ଅଳତା
ନୀଳାମ୍ବରୀ ପାଟ ଚିରିଗଲା
ରକ୍ତ ରସ ଲୁହ ମୋର ପାଣି ହେଇଗଲା ।

ମତେ ଛାଡ଼ି ଫେରିଗଲେ
ପ୍ରିୟଜନ, ନାବିକ ଓ ରାସ୍ତାର ସମ୍ପର୍କ
ମୁଁ ଏକଲା ଦ୍ୱୀପଟିଏ
ରହିଗଲି ପାଣି ଗହୀରରେ ।

ମୋ ଦେହରୁ ମାଟିଗଂଧ
ପଦ୍ମ କି କସ୍ତୁରୀ ଗଂଧ
ବାହାରୁଥିଲା କେଜାଣି
ଋତୁ ଅଋତୁରେ ଆସି ଭିଡ଼ କଲେ

ପକ୍ଷୀ ଓ ଶିକାରୀ
କୌତୂହଳୀ ଶିଶୁ
ସୌଖୀନ ଦେଖଣାହାରୀ।

ଡାକିଲେ ମତେ ନିଜ ନିଜ ଭାଷାରେ
ବଣଭୋଜି କରିବା, ଫଟୋ ଉଠାଇବା
ଦୂର ଦେଶେ ଯିବା ଆ।
କାହାରି ଡାକ ମୋର
ଛାତିରେ ବାଜେନା
ଲହରୀ ଲହରୀରେ ପ୍ରତିଧ୍ୱନି ଫେରିଯାଏ
ମୁଁ ଅପେକ୍ଷା କରେ।

ଗଭୀର ରାତିର ଅଂଧାରରେ
ଛାଇଟିଏ ଘୂରିବୁଲେ
ପାହାଡ଼ୁ ପାହାଡ଼
ଏ କୂଳ ସେ କୂଳ।

ପଚାରିଲି ଆକାଶର ମେଘକୁ
ତାରାକୁ ଜହ୍ନକୁ ପବନକୁ
ହଲଚଲ ପତ୍ରଂକୁ ବରଫ ନୀରବତାକୁ
କେଉଁଠିକି ଯାଉଥିଲି ମୁଁ
କେତେଦୂର ସେ ଗାଁ
ପାରିକୁଦ ନା ମାଲୁଦ ?
କାହିଁକି ଅଟକେଇଲ ମତେ
ଶିଳୀଭୂତ ସମୟ ସହ।

ମୁଁ କି ଜାଣେ ତୁମ ପକ୍ଷୀ ଶିକାର
ଆଲବମ ଭିତରେ ପୃଥିବୀର ଖବର।
କେଉଁ ଗାଁର ପୁଅ ତୁମେ

ଆସିବାକୁ ଚିଠି ଦେଲ, ମୁଦି ଦେଲ
ଠିକଣା ନ ଦେଲ।

ଜାଣିଛ କି ନାଇଁ, ତଥାପି ଆସୁଥିଲି
ମା ଛାଡ଼ି, ମାଟି ଛାଡ଼ି
ପରିଚିତ ସୁଗଂଧର ବାଟଘାଟ
ତୋଟାମାଳ ଧୂଳିଖେଳ ଛାଡ଼ି।
ଏବେ ଆଉ ପକ୍ଷୀ, ଶିଶୁ ଆସଂତିନି
ଖାଲି ଶିକାରୀଂକ ଗହଳି
ପାଣି ପବନ ଗଛ ଓ ନୀରବତାର
ଶିକାର କରଂତି।

କ୍ରମଶଃ ମୁଁ ଗୀତ ଭୁଲେ, ଜହ୍ନରାତି ଭୁଲେ
ଚିବୁକର କଳାଜାଈ, ହଂସଗତି ଭୁଲେ।
ଅଶାନ୍ତ ଅତୃପ୍ତ ଆତ୍ମା ଘୂରିବୁଲେ
ଅଂଧାର ଓ ପବନରେ
ସୁକୁମାର ପଦପାତ ଅପେକ୍ଷାରେ।

ତମେ ସେଇ ଏକଲା ଲୋକ
କୂଳର ନିରାପତ୍ତା ଛାଡ଼ି
ଏ ଗଭୀର ଗଣ୍ଡକୁ ଡେଇଁବ
ଜଳ ଭେଦି ପଂକ ଭେଦି
ନିଦର ବହଳ ଅଂଧାରରୁ
ମତେ ଉଠାଇ ଆଣିବ।

ପାଥେୟ

ଗହଳ ଗଛର ଛାଇ ନିଅ
ମରୁଭୂମିର ଶାଗୁଆ ଚିଠି ନିଅ
ଘାସର ଶିଶିର ଆଖି ନିଅ
ନାଲି ଧୂଳିର ରାସ୍ତା ନିଅ
ଲାଲ ମାଟିର ଅଗଣା ନିଅ
ଛବି ବହିର ଘର ନିଅ
ସିଂହ ଆଁ କରିଥିବା ମଂଦିର ନିଅ।

ପକ୍ଷୀ ବସା ବାଂଧୁନଥିବା ଗଛର ଦୁଃଖ ନିଅ
ପାହାଡ଼ ଛାତିରେ କୁରେଇ ଫୁଲର ରକ୍ତ ନିଅ
ନୀଳ ଜଳର ଶଯ୍ୟା ନିଅ
ବେଳା ଭୂମିର ଜାନୁ ନିଅ
ଆଶାଢ଼ ମାଟିର ଶୃଂଗାର ନିଅ
ଧାନଫୁଲର ବାସ୍ନା ନିଅ
ପଥର ଗର୍ଭରେ
ପାଣିର ପ୍ରତିବିମ୍ବ ନିଅ
ମହୁଲ ଗଛର ପବନ ନିଅ
ପବନର ଖୋଲା ଚୁମା ନିଅ
କୃଷ୍ଣଚୂଡ଼ାର ଓଠ ନିଅ
ମେଘର ଅରୁଣିମ କପୋଳ ନିଅ।

କଣ୍ଢେଇ ପରି ଶିଶୁ ନିଅ
ଗିରି କଂଦରାର ବାଘ ନିଅ
ମେଘମହ୍ଲାର ରାଗ ନିଅ
ବହମାନ ଜଳର ସୁଖ ନିଅ
ବହିପାରୁନଥିବା ଜଳର ଅଶ୍ରୁ ନିଅ
ଚମ୍ପା କଢର ଅଂଗୁଳି ନିଅ
ପଦ୍ମପତ୍ରର ଅଂଜଳି ନିଅ ।

ଯାଯାବରର ସଂସାର ନିଅ
ପାଦ ପାଖରେ ପାଦଚିହ୍ନ ନିଅ
ପିପ୍ପଳ ପତ୍ରର ଦିନ ନିଅ
ତାଳତମାଳର ରାତି ନିଅ
ବାହୁବଂଧର ନିବିଡ଼ ଅନ୍ଧକାର ନିଅ
ଫୁଲଚୁଇଁ ଚଢେଇର
ଅସଜଡ଼ା ସକାଳ ନିଅ ।

କୁହୁଡ଼ି ସେପାଖ ଦୃଶ୍ୟ ନିଅ
ଦୃଶ୍ୟରୁ ଆହୁରି ସ୍ପଷ୍ଟ ଅଦୃଶ୍ୟ ନିଅ
ଅବଶିଷ୍ଟ ବାଟ ପାଇଁ
ଜୀବନର ପାଥେୟ ।

ମାୟାବର୍ତ୍ତ

ଫେରିବାର ବେଳ
ଡଷ୍ଟବିନରୁ ଚିଠି ସାଉଁଟେ
ନାଁ ଦେଇଥିବା ଲୋକଂକୁ ଖୋଜେ।
ଟ୍ରେନ ରୋକିବାକୁ ଇଚ୍ଛା କରେ
ଯେଯାଏ ପହଂଚି ନାହାଂତି ପ୍ରିୟଜନ
ଫେରାଇ ଦେଇଥିବା ପକ୍ଷୀଂକୁ
ଡାକ ଦିଏ ଗଛର ଶୂନ୍ୟସ୍ଥାନ।

ଶିଶୁର ଧୂଳିଭର୍ତ୍ତି ମୁଠା ଆଗରେ
ଅଂଜଳି ପାତେ
ଶୁଖିଲା ପତ୍ର, କୁଟାକାଠିର ଖେଳକୁ
ଓହ୍ଲାଇ ଯାଏ।
ଫେରିବାର ବେଳ
ଦୂର ଆକାଶର ତାରାକୁ କହେ
ମତେ ଆଉଥରେ
ତୋ ଗର୍ଭରେ ସ୍ଥାନ ଦେ ମା
ମୁଁ ଆଉଥରେ
ତୋର ସ୍ତନ ଚାଖିବି
ମୁଁ ଆଉଥରେ
ମାଟି ଚାଖିବି।

ନବବର୍ଷ

ଆଜିକାଲି ଖବର
ଚମକାଏ ନାହିଁ ମତେ ।
ସୁଦର୍ଶନ ପଡ଼ୋଶୀ ଯୁବକ
ସ୍ୱୀକାର କରେ ସେ ନରଖାଦକ ।
ପ୍ରତିଦିନ ଯିବା ଆସିବା ରାସ୍ତାତଳେ
ଆବିଷ୍କୃତ ହୁଏ
ଶିଶୁର ହାଡ଼ମାଂସ ଚକ୍ଷୁକେଶ
ବୁଜୁଳା ଶତାଧିକ ।

ଖବର ଭିତରେ ଆମେ ଅଫିସ ଯାଉ
ଚାନେଲ ଘୂରାଉ ବିନୋଦନର
ଚୁମ୍ବନରେ ଭରିଯାଏ ପରକୀୟା ଓଠ ।

ସହିଦ ନା ସଂତ୍ରାସବାଦୀ ବିତର୍କ ମଧ୍ୟରେ
ସବୁଜ କ୍ଷେତରେ ଗଢିଉଠେ
ରକ୍ତ ରଂଗର ଶିଙ୍ଘମାଳା ।
ଉନ୍ନୟନର ମାଟି ଖାଇ ବଂଚଂତି
କଳାହାଣ୍ଡି ଆମଲାଶୋଲର ଜନଗଣ ।
ସାତ ସାତ ସାତରେ ବିବାହ ପାଇଁ
ଭିଡ଼ ଜମିଯାଏ ।

ନବବର୍ଷରେ ପୁନରାୟ
ପ୍ରାର୍ଥନା କରଂତି କେଇଜଣ
ଚକୋଲେଟ ବଢାଉଥିବା ଷଡ଼ଯଂତ୍ରୀ ହାତ
ଖୋଜିନପାଉ ଏକାକୀ ଶିଶୁ
କୃଷିଜମି ଅଦୃଶ୍ୟ ରହୁ
ପୁଂଜିପତିଂକ ଆଖିରୁ
ସମୟ ଜାଣି
କିଶୋରୀ ଯୁବତୀଂକର
ସାରା ଶରୀରରେ ଭରିଯାଉ
ତୀକ୍ଷ୍ଣ ବିଷଦଂତ କଣ୍ଟାବଣ ।

ନିଆଁ

ତମ ପାଖକୁ ଯାଉଛି
ନିଆଁ ପାଖକୁ ଯାଉଛି ।

ଅନେକ ଦିନ ପରେ
ଆଲୋକିତ ହେବ
ଦିନରାତିର ନିଦ
ହାଡ଼ମାଂସ ରକ୍ତ ମୋର
ଭସ୍ମ ହୋଇଯିବ ।
ଯେ ନିଆଁରେ ଶୁଖିଯାଏ ମେଘ
ଛନଛନ ଫୁଲଗଛ
ପଦ୍ମପୋଖରୀ ସାଗ୍ରହରେ ଆଜି
ସେ ନିଆଁକୁ ଅଂଗୀକାର କରେ ।

ନିଆଁର ଏ ମୁହୂର୍ତ୍ତ
ଅରଣ୍ୟ ଅରଣ୍ୟ ବ୍ୟାପେ
ପର୍ବତ ଆରୋହେ
ଏକ ପରେ ଏକ କ୍ଷେତ
ସିଂହାସନର କ୍ଷତ ପାରି ହେଇ
ଇତିହାସକୁ ପ୍ରଶ୍ନ କରେ ।

ଏମିତି ସେ ନିଆଁ
ସାପର ପିଠିରେ ନଈ ପାରି ହୁଏ
ମାଘମାସର ଜହ୍ନରାତିରେ
ଘାସ ପଡ଼ିଆରେ ଶୋଇପଡ଼େ।

ସେ ନିଆଁ ଆଗରେ
ମୁଁ ହାତ ପ୍ରସାରି ଦିଏ
କଣ ଥୋଇଲ ମୋ ପାପୁଲିରେ
ଧଳା ଟଗର ନା କଳା ଗୋଖର।
ଦେଖ କେଡ଼େ ବିଶ୍ୱାସରେ
ଆଖି ବୁଜି ଦେଲି
ମୁଁ ଅଂଗୀକାର କଲି।

କଳାପଟା ଆମର

ମୋ ଭିତରେ ଅଂଧାର ଜମୁଛି
ଚିତ୍ରି ସାରିଲିଣି କେତେ ରାତି
ଖଣ୍ଡ ଖଣ୍ଡ ମେଘ
ନାନା ଜାତି ପକ୍ଷୀ ପ୍ରଜାପତି।

ଘନ କଳା କଳି ନିଦ
ସମୁଦ୍ରର ପାଣି
କଳା କଳି କେଶବତୀ କନ୍ୟାର ଚାହାଣୀ।
ତଥାପି କମିନି ଅଂଧାର
ପୂର୍ବ ଦିଗ ଫିଟି ପଡ଼ିନି ହସରେ।

ସବୁ ଅକ୍ଷର ଲିଭାଇ ଦିଅ କଳାପଟାରୁ
ଏଥର ଖାଲି ରାତି, ରାତି
ତାରା ନାଇଁ ଜହ୍ନ ନାଇଁ
କାହାରି ଅପେକ୍ଷା ନାଇଁ
କାହାରି ଆସିବାର ନାହିଁ।

ଶୂନ୍ୟତାର ମୁଲାୟମ ପର
ଆଉଁସିଦିଅ
ଖାଲି ଥୁଣ୍ଟା ଡାଳ
ପାହାଡ଼ର କଂକାଳ
ଧଳା ପ୍ରଜାପତି ଆଉ ଉଡ଼ି ପାରୁନାହିଁ।

ଆଃ କିଛି ହେଲା ନାହିଁ
ଆକାଶରୁ ଫେରିଲେ ପକ୍ଷୀ
ଜମିରୁ ଫେରିଲେ କୃଷକ
ମଧୁଶଯ୍ୟାରୁ ଫେରିଲେ ବଧୂ
କହିଲେ, ନାଃ କିଛି ହେବ ନାହିଁ।

ରାତିକୁ ନିଆଁ ଦେଇ ସାରିଛି ଜଂଗଲ
ଶବ୍ଦର ଗୋଟେ ଗୋଟେ ଫୁଲ
ଗୋଟେ ଗୋଟେ ବୋମା ଦିଆଯାଇଛି
ତମ ଜନ୍ମଦିନରେ।
ତମେ ଗୋଟେ ବଗିଚା କରିପାର।
ତମେ ଗୋଟେ ଶ୍ମଶାନ କରିପାର।
ହାତ ବଢାଇ ଆଂକିପାର ବି
କଳା କାଂଥ ଚଟାଣ ସାରା
ସ୍ୱପ୍ନ ଦେଖା ଜହ୍ନରାତିର ଝୋଟି।
ହଁ, କଳାପଟା ତୁମର
ଏକ ସୂର୍ଯ୍ୟର ଚିତ୍ର ଆଂକିପାର
ସୁଂଦର, ଉଜ୍ଜ୍ୱଳ।

ଚାହିଦା

ମୁଁ ତୁମର ନାରୀ ନୁହେଁ
ତୁମେ ବି ନୁହଁ, ମୋର ପୁରୁଷ।
ଅନେକ ଦିନରୁ ଚାଲିଚାଲି ଆସୁଥିବା
ଆଜନ୍ମ ପଥିକ।
ଭିନ୍ନ ଭିନ୍ନ ଦିଗରେ ଚାଲି ଆସିଲେଣି ଅନେକ ବାଟ
ପକ୍ଷୀଙ୍କୁ ଛାଡ଼ିଦେଲେ ନିଜର ଘର
ନାନା ଦିଗରୁ କୁଟାକାଠି ଆଣି ଗଢିବାକୁ ନୀଡ଼।

ପୂର୍ବ ପୁରୁଷର ଜମିରେ
ମୁଁ ରୋପିଥିବା ବୀଜ
ଗଛ ହେଲା, ଛାୟା ଦେଲା।
ତମେ ଆଂକିଥିବା ଚିତ୍ରର ପକ୍ଷୀମାନେ
ଉଡ଼ିଗଲେ ଦିଗ ବିଦିଗ
ଡାକିଆଣିଲେ ସବୁ ଶିଶୁଂକୁ
ଏଇ ନଦୀକୂଳକୁ।

ପ୍ରାଚୀନ ଆକାଶ ମାଗିଲା ଏଥର
ଅଳ୍ପ ବୟସ୍କ ଲୁହ ଆମର।
ଶୂନ୍ୟତାର ଚାହିଦା ଠିଆ କଲା
ଅସ୍ଥିର ନଦୀ କୂଳରେ
ସୁସ୍ଥିରା ନାରୀ କରି ମତେ
ତମକୁ ମୋର ସ୍ଥିରତର ପୁରୁଷ।

ହାତ

ଜାଣିଥିଲି, ରହିବ ନାହିଁ
ବାଲି ଉପରେ ଘର ଗଢିଥିଲି ।
ବେଳାଭୂମିରେ ଦେଖୁଥିବା
ଏ ସୁଂଦର ସୂର୍ଯ୍ୟୋଦୟ ଧୀରେ ସରିଯିବ
ଏ ସୂର୍ଯ୍ୟ ବି ସାରାଦିନ
ମୋ କପାଳରେ ଆଂକି ହେବ ନାହିଁ ।

ଏଇ ଯେ ଆକାଶ ଆଡ଼କୁ
ନିରଂତର ବଢିଯାଉଛି ମୋର ହାତ
ପାପୁଲି ସମେତ ପାଲଟି ଯାଉଛି ଏକ ଘଂଚ ଗଛ
ମୋ ଆଂଗୁଳିର ଦୀର୍ଘ ଶାଖା ପ୍ରଶାଖା
କେବେବି ଆକାଶ ଛୁଇଁବ ନାଇଁ ।

ମୁହୂର୍ତ୍ତ ମୁହୂର୍ତ୍ତ ଟାଣ ଖରାରେ
ନିଜକୁ ବାଷ୍ପୀଭୂତ କଲି
ନିଜଠାରୁ ନିଜକୁ ନେଇ ଉଠିଲି
ଜଳଭାରରେ ଗର୍ଭବତୀ ମେଘ
ମୋର ପ୍ରତିବିମ୍ବ ନୁହେଁ
କାଳେ ମୋର ସହୋଦରା କି
ଭାବି ହାତ ବଢେଇଲି ।

କିମ୍ବଦଂତୀଟିଏ କାହାଣୀ ହେବ

ଏମିତି ହେଇ ପାରିବ
ଆମେ ନିଜ ସ୍ଥାନରୁ ଘୁଂଚି ଆସିବା
ଅଂଧାରର ଉଷୁମ ପାପୁଲିରେ
ରଖିବା ହାତ
ଫିସଫିସ ବକ୍ତବ୍ୟମାନେ ଉଚ୍ଚାରଣ ପାଇଯିବେ
ଏଇ ଜହ୍ନରାତିକୁ
ଉଚିତ ଜବାବ ଦିଆଯିବ।

ତାପରେ ଏମିତି ହେଇପାରେ
ଉଦ୍ଧତ ଢେଉମାନେ
ଶିଥିଳ ପଦପାତରେ ଫେରିଯିବେ
ରକ୍ତରେ ନିଆଁର ଉଲ୍ଲାସ ଥମିଯିବ।
ଆମେ ବୋଧେ ଏମିତି କରିବା
ପାପୁଲିର ଜୁଲୁଜୁଲୁ ପକ୍ଷୀକୁ
ଫେରେଇଦେବା ଗଛକୁ
ସେଠୁ ଭିନ୍ନ ଭିନ୍ନ ଅରଣ୍ୟକୁ
ସଚଳ ରକ୍ତ ବଡ଼ ପାଟିରେ
କଥା କହେ ବୋଲି ଜାଣିଛୁ
ସଚଳ ନଦୀର ଦୁଇ ଧାରରେ ଠିଆ ହୋଇ
ପରସ୍ପରକୁ ଡାକିବା, ଡାକୁଥିବା।

ସିଏ କିମ୍ବଦଂତୀ ଅଛି, କାହାଣୀ ହେବ।
ପୁରୁଣା ଚିଠିର ଥାକରେ ଉଡ଼ି ବୁଲିବ
ନୀଳଧବଳ ପ୍ରଜାପତି
ଆମେ କେହି କାହା ଜାଗାରେ ନଥିବା
ଦୁଇଧାଡ଼ି ଅଂଗେନିଭା ଇଚ୍ଛା ଯାହା
ସୂର୍ଯ୍ୟାସ୍ତରୁ ସୂର୍ଯ୍ୟୋଦୟ
ଆତଯାତ ହେଉଥିବେ।

ପ୍ରସ୍ତୁତ ରହ

ପ୍ରସ୍ତୁତ ରହ
ଯେକୌଣସି ରାସ୍ତା ମୋଡ଼ରେ
ମାଗିପାରେ ତୁମର ହୃତପିଣ୍ଡ
ଯେକୌଣସି ଷ୍ଟେସନରେ
ରୁମାଲ ହଲେଇ ଦେଇପାରେ।

ଏତେ ପାଖରେ ତୁମେ
ଭୟ ହୁଏ ପାଇଯିବି
ତୁମ ଶିରାରେ ବହମାନ
ସଚଳ ନଈକୁ ଥରେ ଛୁଇଁଦେବି।
ଏବେ ଅନେକ କିଛି ଘଟିଯିବା ସମ୍ଭବ
ଆମ ପୃଥିବୀ ଏକ ଇଂଚ ଆଗକୁ
ନ ବଢ଼ିବା ବି ସମ୍ଭବ।
ସାକ୍ଷୀ ଖାଲି ପ୍ଲାଟଫର୍ମର ଏକଲା ଲୋକ
କେମିତି ନିର୍ଦ୍ଦିଷ୍ଟ ଦୂରତାରେ
ଆମେ ପାଲଟିଗଲେ ବରଫ।
ତଥାପି ପ୍ରସ୍ତୁତ ଥାଅ ତମେ
ଯେକୌଣସି ମୁହୂର୍ତ୍ତରେ
ଫୁଲ ବା ନୀଳକୀଟ
ମାଗିପାରେ ତୁମକୁ।

ବଂଦ ଗୁମ୍ଫାର ବାହାରେ

ତୁ ଗୀତ ହେଇ ପବନରେ ଭାସିଯା
ତାପରେ ମୁଁ ଶୁଣିପାରିବି
ସୁଗଂଧ ହେଇ ଫୁଲରେ ମିଶିଯା
ତାପରେ ଛୁଇଁ ପାରିବି
ନୀଳବର୍ଣ୍ଣ ପକ୍ଷୀ ହେଇ
ଉଡ଼ିଯା ଦିଗ ବିଦିଗରେ
ଆକାଶର ନାନାବର୍ଣ୍ଣ ଶୂନ୍ୟତା
ମୋ ଭାଗ୍ୟରେ ଲେଖାଇ ନେବି।

ଏବେ ତୁ ତୋପରି ଦିଶୁଛୁ
ମୁଁ ମୋ ପରି
ଆମକୁ ଚିହ୍ନିପାରୁନି
ଏଇ ବଂଦ ଗୁମ୍ଫାର ପଥର
ଆମେ ବି ମନେ ପକେଇ ପାରୁନୁ
ସେ ଆଦିମ ମଂତ୍ର।
ଆମ ଆଗରେ ଦୁଇଟି ରାସ୍ତା
ଏ ନୀଳଜହ୍ନର ହ୍ରଦରେ
ନାର୍ସିସସ ଫୁଲ ହେଇ ଫୁଟିଯିବା
ବା ଏଇ ବଂଦଗୁମ୍ଫା ବାହାରେ
ଏମିତି ଠିଆ ହେଇଥିବା।

ଅଂଗୀକାର

ଦେ ତୋର ଅସହାୟ ମୁହୂର୍ତ୍ତ
ଲେଖି ରଖିବି ମୋର
ଆଖିର କଳାପାଣିରେ ।

ତୋ ଆଖିର ବିବଶ ସ୍ଫୁଲିଂଗ ଦେ
ଉଷୁମ କରିନେବି ପାପୁଲି
ତୋ ଛାତିର ଅବ୍ୟକ୍ତ ବିସ୍ଫୋରଣ ଦେ
ନିଆଁ ଲଗେଇ ଦେବି
ସବୁ ବରଫ ପାହାଡ଼ରେ ।
ହେ ମୋର ଅଭିଶାପ
ଛାଇ ପରି ଆଉ ପଛରେ ରହ ନାହିଁ
ଆଗକୁ ଆସ ।
ହେ ଅପଦେବତା
ମୋ ନଈରେ ଯୁଗପତ ବହୁଥିବା
ଲାଭା ଓ ବରଫ ସ୍ରୋତରେ
ଚାଲି ଚାଲି ଆସ ।
ଅଂଗୀକାର କଲି ତୁମର ପ୍ରେମ
ଆହୁରି ନିକଟ କରି
ବେଢାଇ ଆଣ
ଦୀର୍ଘ ବାହୁପାଶ ।

ଧୀରେଧୀରେ ଆସ

ଧୀରେ ଧୀରେ ଆସ
ମୋଠି ପହଂଚିଲା ବେଳେ
ଏ ଧୂସର ପ୍ରାଂତରରେ ଭରିଥିବ
ଶ୍ୟାମଳ ଦୂବଘାସ ।

ଏବେ ଭାଂଗିଲା ମୋର ନିଦ
ଛୋଟ ପ୍ରଜାପତିଟିଏ ଉଡ଼ିଆସି
ବିବର୍ଣ୍ଣ କାଂଥରେ ଆଂକି ଦେଲା
ଅପୂର୍ବ ଏକ ନକ୍ସା
କହିଲା, ଉଠ ।

କ୍ଷୀଣାଂଗୀ କୋମଳ ଘାସଟିଏ
ଶିଶିର ଆଂଗୁଠିରେ
ଧୀରେ ଛୁଇଁଲା ମୋର ପାଦ
କହିଲା, ଚାଲ ।

କେଉଁ ଗଛ କୋରଡ଼ରେ
ପଥର ସଂଧିରେ
ଲୁଚିଥିବା ପବନ ଧାଇଁ ଆସି
ଟାଣିଲା ମୋର ଉତ୍ତରୀ
ଦାବୀ କଲା, ଦୁର୍ଗ ଦରଜା ଖୋଲ ।

ସାରା ଆକାଶକୁ ଉଡ଼ାଣରେ
ଅନ୍ୟମନସ୍କ ରଖିଥିବା ପକ୍ଷୀ କହିଲା
ପହରା ଉଠାଇ ସୀମାଂତରେ
ତମେ ଆସୁଛ
ମୋର ବିଷାଦିତ ନିର୍ଜନତାକୁ
ପିଂଧେଇଦେବ
ବ୍ୟାକୁଳ ଆଲିଂଗନର
ଝୀନ ଅଂଗବାସ ।

ସତଗପ

ଘୋର ବନସ୍ତକୁ ମୁଁ ଗାଈ ଚରେଇ ଯାଏ।
ଛାଇ ଆଲୁଅର ରଂଗ ମାଖି
ପାହାଡ଼ୀ ହୁଂକାର ଦେଇ
କେହି ଜଣେ ଆସେ
କହେ ମୁଁ ବାଘ।

ମୁଁ ଆର୍ତ୍ତସ୍ୱରେ ଡାକ ଦିଏ
ପ୍ରିୟ ପରିଜନ ମୋର ସଖା ସହୋଦର
ସେମାନେ ଧାଇଁ ଆସଂତି
ସ୍ନେହ ଆଦର ନିଆଁ ଓ ମାରଣାସ୍ତ୍ର ନେଇ
ଏତେ ଆଲୁଅ ଓ କୋଳାହଳ ମଧ୍ୟରେ ଆମେ
ଦେଖୁ ବାଘଫାଘ କିଛି ସେଠି ନାହିଁ।

ତମକୁ ମିଛ ମତେ ସତ
ବାଘ କେମିତି ଧାଇଁ ଆସେ ମୋ ପାଖକୁ
ବେଳ ଅବେଳରେ
ଜଗି ବସିଥାଏ ମୋର ନିର୍ଜନ ପଣକୁ
ଏକଲା ବାଟକୁ,
ମୁଁ ଶୋଇଗଲା ପରେ
ମୋ ବଇଁଶୀରେ ଓଠ ଥାପେ
ଅବଶିଷ୍ଟ ସମୟକୁ କାଂଦ କାଂଦ କରେ।

ତମେ ଜାଣ କେତେ ମିଛ ଆଉ ମିଛ ନେଇ
ମୁଁ ବଂଚେ
ସତ ସତ ଘରଦ୍ୱାର ସ୍ନେହ ସୋହାଗ
ଫଳ ଓ ଫସଲ ଭର୍ତ୍ତି ବଗିଚା ଓ କ୍ଷେତ
ସବୁବେଳେ ମତେ ଖାଇ ଗୋଡ଼ାଏ
ମୋର ଏଇ ସତ ସତ ଦେହ ଆଉ ଭୋକ
ମତେ କେତେ କଷ୍ଟ ଦିଏ ।

ତମେ ଜାଣ, ଖାଲି ମିଛର ହାଟରେ ମୋର ବିକା କିଣା
ମିଛର ଆକାଶ ମୋର ଚଂଦ୍ର ତାରା
ଫୁଲ, ଘାସ, ନଦୀ ଓ ଅରଣ୍ୟ
ମିଛ ମୋର ଗାଇପହ୍ନା
ସକାଳ ଖରାରେ ମୋର ବାଛୁରୀର ଡିଆଁ
ତମ ପାଇଁ ମିଛ
ବାଘଦୃଶ୍ୟ ପାଇଁ ମୋର ଉନ୍ମୁକ୍ତ ଚେତନା ।

ତେଣୁ ତମେ କେବେ ବାଘ ଦେଖ ନାହିଁ
ଆଉ ତମ ଛୋଟକାଟର ଜୀବନ ଭିତରେ
ବାଘ ଲାଗି ଜାଗା ଅବା କାହିଁ ।
ତେଣୁ ତମେ ଆସି ନାହଁ
ମୁଁ ନ ଡାକିଲା ଯାଏ
ମୋର ଏଇ ମିଛ ଆଉ ଶୂନଶାନ ଇଲାକାରେ
ତୁମର ଯେ ଶ୍ୱାସରୁଦ୍ଧ ହୁଏ ।

ଆଃ ତମେ ଜାଣଂତ କି
ମୋର ଏଇ ଡାକ ଖାଲି ଲୋକ ଦେଖାଣିଆ
ମୁଁ ଅଂତକରଣରେ ଚାହେଁ
ମୋର ଏଇ ମିଛ ଆଉ ନିର୍ଜନ ଇଲାକା
ଚିରକାଳ ଅନାହତ ରହୁ

ଡାକି ଡାକି କଣ୍ଠ ଫାଟିଲେ ବି କେହି ଆସ ନାହିଁ
ମତେ ହିଁ ଏକଲା ଦେଖି ବାଘ ଖାଇଯାଉ।

ଭାବ ନାହିଁ, ତମର ନିଆଁ ଓ ମାରଣାସ୍ତ୍ର ଦେଖି
ବାଘ ଡରେ ଓ ପଳାଏ
ମୋ ପାଇଁ ତମର ଏତେ ସ୍ନେହ, ସତର୍କତା ଦେଖି
ବାଘ ତମକୁ ଈର୍ଷା ଓ ମତେ ସଂଦେହ କରେ
କାଳେ ଏ ଭିତରୁ କାହାକୁ ମୁଁ ଭଲ ପାଇପାରେ।

ଦିନେ ତୁମେ ସତକଥା ଜାଣିଗଲ
ମୋର ଅନ୍ୟାନ୍ୟ ମିଛ ପରି
ବାଘ ବି ଏକ ମିଛ
ତେଣୁ ତମ ପଂଚାୟତ ରାୟ ଦେଲା
ମୋର ଲକ୍ଷ୍ମୀଛଡ଼ା ଇଲାକାକୁ
ତମକୁ ଡାକିନେବା ମୋର ବଡ଼ ଦୋଷ।
ମୋ ପରି ମିଛୁଆ ପାଇଁ
ତୁମର ସେ ସତ୍ୟବାଦୀ ଗାଁ ଆଉ ଘର
ମନା ହେଇଯାଏ
ଏମିତି ଏମିତି ଦିନେ
ମତେ ହିଁ ଏକଲା ଦେଖି
ବାଘ ଖାଇଯାଏ।

ସୀତାର ବାଜୁଛି

ଏବେ ଇଂଦ୍ରନୀଳ ହାତରେ
ସୀତାର ବାଜୁଛି ।
କୋମଳାଂଗୀ ତାରମାନେ କାହିଁକି
ମୋଟାମୋଟା ରୁକ୍ଷ ଅଂଗୁଳି ପାଇଁ
ଅଧୀର ଅପେକ୍ଷାରେ ଥାଂତି
ଆଜି ଜାଣିଲି ।

ଏବେ ଜାଣୁଛି
ସବୁଠି ସଜ୍ଜିତ ଥାଏ ଗୀତ
ଏଯାବତ ଜଳ ସ୍ପର୍ଶ ପାଇନଥିବା
ପଥର ଦେହରେ
ପକ୍ଷୀ ଉଡ଼ି ଯାଇଥିବା ଥୁଣ୍ଟା ଗଛରେ
ଧୂଳି ଅଳଂଧୁ ଭର୍ତ୍ତି
କୋଠରୀର କୋଣ ଅନୁକୋଣରେ
ନୂଆ ଚାରାଗଛ ଆଣିବାକୁ ଯାଇ
ନିଖୋଜ ମାଳୀର ବଗିଚାରେ ।

ସବୁଠାରେ ସବୁବେଳେ
ରିନଝିନ ରିନଝିନ ବାଜି ଉଠିବ ଗୀତ
ଯଦି ଠିକ ଭାବେ
ଚଳେଇ ପାରିବି ଅଂଗୁଳି
ଯଦି ଠିକ ଜାଗାକୁ
ବଢେଇ ଦେଇ ପାରିବି
ମୋର ହାତ ।

ସରାଗ ସନ୍ୟାସ

୧

ସୂର୍ଯ୍ୟଂକୁ ଦୃଷ୍ଟି ଦେଇଛି
ପବନକୁ ଗତି
ରାତି ମୋର କାମନା ନେଇଛି
ପକ୍ଷୀଂକୁ ଗୀତ ଶିଖେଇଛି
ଆକାଶକୁ ଦେଇଛି ଗାମ୍ଭୀର୍ଯ୍ୟ
ଫୁଲଂକୁ କୋମଳ ସୁଗଂଧି ।

ଏବେ ଯେଉଁଠାରେ ପାଦ ଉଠେଇଲେ, ସକାଳ
ଯେଉଁଠି ଅଟକିଗଲେ ରାତି
ଏବେ ଅଂଧ ହେଲେ କଣ
ବଧୀର ହେଲେ କଣ
ପୃଥିବୀର ଅଣୁ ଅଣୁରେ
ବିଂଚି ଦେଇଛି ମୋର ସାନ୍ନିଧ
ଏବେ ନିଃସଂଗ ହେଲେ କଣ ?

୨

ମୁକୁଳି ଯା ମୋ ଭିତରୁ, ନିଦରୁ, ସ୍ୱପ୍ନରୁ
ଶବ୍ଦ ଓ ନୀରବତାରୁ, ମାୟା ଓ ମହିମାରୁ ।
ଗଛରେ ଫୁଲ ହେଇ ଫୁଟିଯା
କି ଫଳ ହେଇ ଝୁଲିଯା

ମେଘ ହେଇ ବର୍ଷିଯା
କି କାଗଜଡଂଗା ହେଇ ଭାସିଯା ।

ତତେ ତ ଦ୍ୱାର ଦ୍ୱାର ବୁଲି
ଦେଖିବାକୁ ହେବ
ମାଳୀ ସବୁ କୁଣ୍ଡରେ
ପାଣି ଦେଇଛି କି ନାଇଁ
ଗାଈ ପହ୍ନାରେ କ୍ଷୀର
ଓଠ ଓଠରେ ହସ
ଠିକ ଠିକ ଭରିଛି କି ନାହିଁ ।

ତୋର ଶିକୁଳି ଖୋଲି ଦେଲି
ଡେଣାରେ ଖଂଜିଲି ପର
ଚଂଚୁରେ କାକଳି
ଏବେ ଯା ଉଡ଼ିଯା
ନାଁ ତୋର ପବନରେ ଲେଖିଦେଲି
ରୂପ ତୋର ଆକାଶରେ ଆଂକିଦେଲି ।

କଣ ଥାଏ ଗୀତରେ

କଣ ଥାଏ ଗୀତରେ
ସବୁ କାହାଣୀ ସରିଯିବା ପରେ
ଗୀତ ନସରେ।
କେଉଁ ବକ୍ତବ୍ୟ ଥାଏ
କେଉଁ ଫୁଲର ବାସ୍ନା
ସବୁ ଫୁଲଗଛ ମରିଯିବା ପରେ ବି
ଗୀତ ନସରେ।

ମହୁ ଥାଏ କି ମହରା ଥାଏ ଗୀତରେ
ଗାୟକ ଗାୟିକା
ନଈକୂଳକୁ ଯିବା ପରେ ବି
ସାରା ବନସ୍ତରେ ଗୀତ ଶୁଭୁଥାଏ।

କି ଆଲୋକ, କି ଅଂଧାର ଥାଏ ଗୀତରେ
ଦିନ ସରିଗଲେ, ରାତି ସରିଗଲେ
ସୂର୍ଯ୍ୟ ଉଦେ ହୁଏ
ଚଂଦ୍ର ଉଦେ ହୁଏ
ଗୀତ ଗୀତରେ।

ଶବ୍ଦ ଥାଏ ନା ଅର୍ଥ
ନାଦ ନା ନୀରବତା

ଯେ ପକ୍ଷୀ ଉଡ଼ିଯାଏ
ପବନ ବହିଯାଏ ଗୀତରେ ।

ଶିଶୁର ଦରୋଟି ଉଚ୍ଚାରଣ ପରି
ମା ସ୍ତନର କ୍ଷୀର ପରି
ଏମିତି କଣ ଥାଏ ଗୀତରେ
ଶିଶୁ ଶୋଇଯିବା ପରେ ବି
ଗୀତ ନ ସରେ
ଗୀତ ନ ସରେ ।

ଭଲ କବିତାମାନେ

ଭଲ କବିତାମାନେ ଏଯାବତ
ମୋ କଲମରେ ଧରା ଦେଇ ନାହାଂତି ।
ଦୂରରୁ ପବନର ସୁସୁରିରେ ଯାହା ଶୁଣିଛି ।
ଭଲ କବିତାମାନେ, ଝୀନଶୋଭା ପ୍ରଜାପତି ଭଳି
ନିଷ୍ପାପର ମାଳୀର ଆଖପାଖରେ
ଘୂରିବୁଲୁଥିବା ଖାଲି ଦେଖିଛି ।

ଭଲ କବିତା, ସମୟ ହଜେଇ ଦେଇଥିବା ଶିଶୁ
ଧୂଳିବାଲି ନିରୋଳା ଗୋପନ ସ୍ଥାନ ଦେଖି
ମେଳା ବସେଇଛି ।
ଭଲ କବିତା ଗାଢରଂଗର ସମର୍ପିତ ରକ୍ତ
ନିଷିଦ୍ଧ ପ୍ରହରମାନଂକରେ ରାତି
ଯେଉଁଥିରେ କଲମ ବୁଡ଼େଇଛି ।

ଭଲ କବିତା
ମାଟିପାଣି ଅଂଧାର ଟାଣୁଥିବା ଗଛରେ
ଆଲୋକ ପବନ ଚିହ୍ନିଥିବା ପତ୍ର ଗହଳରେ
ବହୁବର୍ଣ୍ଣ ପୁଷ୍ପ ଭଳି
ବେଳେବେଳେ ଧରା ଦେଇଛି ।

ଭଲ କବିତା, ମୋର ଭଲ କବିତାମାନେ
ମହୁର ସ୍ତନଭାରରେ ଉଚ୍ଛନ୍ନ
ମହୁମାଛି ଭଳି
ନିଆଁ ଦେଖିନଥିବାର ଶୋକରେ
ଦୂର ବନସ୍ତରେ
ଗୁଣୁଗୁଣେଇ କାଂଦୁଥିବାର ଶୁଣୁଛି ।

ବିଦାୟ

ଫେରେଇ ଦିଅ ମୋର କବିତା ଖାତା
ଗାଈ ପଲ ନେଇ
ଘୋର ବନସ୍ତକୁ ଚାଲିଯିବି।
ଦିପହର ଗହଳିର ଅନ୍ୟମନସ୍କ କୋଣ ବାଛି
ଆଜି ହଜେଇ ଆସିଥିବା
ମୋର ଗାଈଛେଳିଙ୍କ ପାଇଁ ଶୋକ କରିବି।

ଏଇ ଯେ ରାସ୍ତାସାରା ସାଉଁଟି ଆଣିଲି
ଏ ଧୂଳି ନା ରତ୍ନକଣା
ଟୁକୁରା ଟୁକୁରା କାଚ
ନିଅ, ଦେଖ
ଦର୍ପଣ ଭର୍ତ୍ତି ଏଇ
ଗୋଟି ଗୋଟି ମୁହଁ ନୁହେଁ ସ୍ନେହ
ଏକଦା ସେଇ ବୀଜ ଅଭ୍ୟଂତରର
ନୀରବତା ଫେରେଇ ଦିଅ।

୨
ଏବେ ପବନକୁ ସାଉଁଟେ
ଏକଦା ପ୍ରଜାପତି କରି
ଉଡ଼େଇଥିବା କବିତା ଧରିବାକୁ
ଶିଉଳି ଚରିଥିବା ହାତରେ।

ଏକାସଂଗେ ଗୋଟେ ପଥରରେ
ପାଦ ଘଷିଥିବା ଝିଅର ଠିକଣା ନେଇ
ଫୁଲ ତୋଳି ଦେଇଥିବା ଝିଅ ସହ
କଥାଭାଷା ହେଇ ମୁଁ ଫେରିଆସିଛି।

କହିପାରୁନି ଆଉ ଆସିବି କି ନାହିଁ
ନେଇଥିବା ଠିକଣାରେ ଚିଠି
ଦେବି କି ନଦେବି
ତେବେ ତୁମ ପାଖକୁ ଫେରିବି
ଫୁଲତୋଳାର ଅନ୍ୟମନସ୍କତାରେ
ଗୁଡ଼ି ଉଡ଼େଇବା ମୁହୂର୍ତ୍ତରେ।

ଏବେ ଚାଲିଯାଉଛି
ଟ୍ରେନକୁ ପଥର ଫିଂଗୁଥିବା ଲୋକଂକୁ
ହସି ହସି ହାତ ହଲେଇ
କ୍ଷୀର ଲାଳ ଜୁଡୁବୁଡୁ ବାଛୁରୀ ଓ ଗାଈ।
ପ୍ରେମିକ ଦିପହର ଉଦାସ ଆଖି
ଏମିତି ତୁମ ଗାଁ
ପାରି ହେଇ ଯାଉଛି।

ବିରୂପା ନଦୀର କୂଳ

ବିରୂପା ନଦୀର ଘାଟକୁ
ଦୁହିଁଙ୍କର ଯିବାର ଥିଲା
ଦିନରାତିର ଗଂଧରୁ ଉବୁରିଯିବାକୁ
ଆମେ ବାଛିଥିଲେ
ବିରୂପା ନଦୀର କୂଳ।

ପବନରେ ଆମ୍ବ କୋଇଲିର
ରେଣୁରେଣୁ ଜୀବସାର
ପରିପୁଷ୍ଟ ଚେରମୂଳ, ଲତାପତ୍ରରେ
ଉଦ୍ଭିଦ ଜୀବନର ସାରକଥା।

ଗହମ ଦେହର ପଚାମାଂସ
ଲୁଚାଇଥିବା ଏ ମାଟି
ମୁଗଡାଲିର ଅର୍ଦ୍ଧଳି କରି
ଶୋଇଯାଇଥିବା କାଂଦୁରା ଶିଶୁର
ଲହର ଏ ପବନ
ବାଟ ସରୁନଥିବା ପଥିକ ଓ
ସରିଯାଇଥିବା ଚୁଡ଼ା ପୁଟୁଳିର
ଶୂନ୍ୟତା ଭର୍ତ୍ତି ଏ ଆକାଶ।

ବିହନ ଅପେକ୍ଷାରେ ଅଫଳା ରହିଯାଇଥିବା
ଗର୍ଭଗୃହର ଅଂଧକାର
କଳେ ବିଡ଼ିଧୂଆଁର ଶୋଷ ନେଇ
ବରଫ ହେଇଥିବା ଲୋକ ପିଠିର ପଥର
ଟାଣି ଧରିଛଂତି ଆମ ପାଦ।

ସାରା ରାତି ଭୂତପ୍ରେତ ପିଶାଚ
ବୋହି ଆଣୁଛଂତି ଯକ୍ଷର ଭଣ୍ଡାର
ବସ୍ତାବସ୍ତା ପ୍ରାଣ, ତ୍ରାଣ, ପ୍ରେମ
ପୋତି ଦେଇ ହେବ ଦିବାଲୋକରେ।
ରଜାଘର ହୋମ ଚାଲିବ ଏଠି
ଉନ୍ମୋଚନ ଆଉ ଉଦଘାଟନ
ଉଦଘାଟନ ଆଉ ଉନ୍ମୋଚନ।

ଏବେ ମୁଁ ଠିକ ମନେ ପକେଇ ପାରୁନି
ଆମେ କାହିଁକି ବାଛିଥିଲେ ସେଦିନ
ବିରୂପା ନଦୀର କୂଳ।

କଥାଭୂମି

ତୋରଣ ଆସିବା ଆଗରୁ
ଯାହା କହିବାର ଅଛି, କହିଦିଅ
ତାପରେ ଆମ ରାସ୍ତା
ଅଲଗା ହୋଇଯିବ।
ଧାନକ୍ଷେତର ପ୍ରାଜ୍ଞ ସୌଭାଗ୍ୟ ସହ
ମେଳ ଖାଇବ ନାହିଁ
ଫୁଲଗଛର ପିଲାଳିଆମି।

ବିଶ୍ୱାସ ଅବିଶ୍ୱାସର କଥା ନୁହେଁ
ଆମର ସମସ୍ତ ଚାତୁରୀ ଓ ସଂଯମ ସତ୍ତ୍ୱେ
ଚାରା ନାହିଁ ବଂଚିଯିବାକୁ
ଭାବୀ କଥନରୁ
ନଖ ବଜାଉଥିବା ସଂଳାପରୁ।
ଏହାପରେ ତୁମେ ନିବୃତ୍ତ ହୋଇଯିବ
ରେତମୁକ୍ତ ସନ୍ୟାସୀ ପରି।

ମୁଁ ତାକୁ ପାଳିବି
ଉଷ୍ଣ ନିବିଡ଼ ତମସା ଗର୍ଭରେ।
ଏଥିରେ ସଂଘର୍ଷ ବା ସିଦ୍ଧାଂତର
କିଛି କଥା ନାହିଁ
ଗୋଟେ କଥା ବଢ଼ିବା ପାଇଁ

ଚାଖଣ୍ଡେ ଭୂମି ତ ଦରକାର ।
କଥାର ଆୟୁ ଉଡ଼େଇନେବ
ଅପରିଚିତ ପବନ ।

କେବେକେବେ ତାର ଗ୍ରୀଷ୍ମ ବା
ଶୀତଳ ଛାଟ'
କଲମ ମୁନରେ ଠିଆ ହୋଇଯିବ
ଗୋଟେ ଦିନ
ଆମ ଅକ୍ତିଆର ବାହାରେ ।

ସେ ଅନ୍ୟ ଜଣେ

ସେ ଅନ୍ୟ ଜଣେ।
ଅରଣ୍ୟ ପରି କେଶ
ଅଂଧାର ପରି ଦେହ
ନିଃଶ୍ୱାସରେ ଅଣଚାଶ।

ଓଠର ଲବଣ, ରକ୍ତର ଲବଣ
ଅସ୍ଥିର ଲବଣ, ଅଶ୍ରୁର ଲବଣ
ସମୁଦ୍ରର କଡ଼େଇରେ
ଯିଏ ଆଉଟୁ ଥାଏ।
ବଣ ନିଆଁ ପରି ଯାର କ୍ଷୁଧା
ସମୁଦ୍ର ନିଆଁ ପରି ତୃଷା।

କଳାକଳା ନଖଦାଂତରେ
କଳା ଦରଜା ଖୋଲେ
କଳା ଦର୍ପଣରେ ମୁହଁ ଦେଖେ
କଳାମାଂସର ରାତି
କଳାପୋଷାକ ଖୋଲେ।

ହାତ ବଢାଇ ଟାଣିନିଏ
ଅଂକାବଂକା ସାପ ପରି ଦେହ
ଝଡ଼ର ଦୀର୍ଘ ଅଂଗୁଳି ବୁଡାଇ
ଝୁଣିଝୁଣି ଖାଏ।
ମୁଁ ତାକୁ ଚିହ୍ନେ
ସେ ଅନ୍ୟ ଜଣେ।

ସଂଧ୍ୟା

ମୁଁ ବୁଝିପାରେନା
ପରାଜିତ ମଣିଷଟି ସବୁବେଳେ
ମୋ ଭାଗରେ ପଡ଼େ
ନା ପରାଜୟର ଜୀବନ ଭୂମିକୁ
ଅବୋଲକରା ପାଦ ମୋର
ଆପେ ଆପେ ଟାଣି ହୋଇଯାଏ ।

ପରାଜିତ ପକ୍ଷୀ
ମୋ ନୀଡ଼ର ଠିକଣା ପଚାରେ
ପରାଜିତ ସୈନିକ
ମୋ ଗୀତର ସୁର ଗୁଣୁଗୁଣୁ ହୁଏ ।
ମୋର ମହାଭାଗ୍ୟ ଦେଖ
ଉଦ୍ଧତ ସୂର୍ଯ୍ୟ ବି ହାରିଯାଇ
ମୋ ପଣତରେ ମୁହଁ ଢାଂକି
ପରାଜୟର ଗ୍ଲାନି ପୋଛିଦିଏ ।

ପରାଜିତ ମଣିଷମାନଂକୁ
କାଂଧ ଉପରେ ଆଉଜେଇ ନେଲାବେଳେ
ମୋର ମନେପଡ଼େ ନାହିଁ
ସେମାନଂକ ମୁହଁରେ
ସମୟର ଆଂଚୁଡ଼ା ଦାଗ

ଛାତିରେ କେତୋଟି କ୍ଷତ।
ଖାଲି ଅନୁଭବ କରେ
ଓଦା ହେଇଯାଇଛି ମୋର କାଂଧ
ଛାତି ଓ ପଣତ।

ଚଂଦ୍ରଛାୟା

ଦିନଟିଏ ସରିଗଲା
ଗଲାକଥା ଚଂଦ୍ରର କିମିଆଁ
ଏଥିପାଇଁ ତ ମୁଁ ଅସ୍ତ ହେଉଛି
ଚଂଦ୍ରର ଚଟିଘର ଟପିଯିବାକୁ
ଏତେଥର ପ୍ରସ୍ତୁତ ହେଉଛି ।

ପଚାର ତ କେହି
କେମିତି ଥିଲା ଚଟିଘରର ସୁଖ
ଭାଂଗିବାକୁ ଥିବା ମଧୁର ସ୍ୱପ୍ନ ଭଳି
ସୁଖକର ଓ ଅନିଶ୍ଚିତ ।
ମୁଁ ଭୋଗିବାକୁ ଆସିଥିଲି
ଅଂଧାରର ସ୍ୱାଦ
ଚଂଦ୍ରର ସମ୍ଭୋଗ ।

ଏବେ ମୋ ପାଖରେ ଅନେକ ସଂକେତ
ସେ ସବୁ ସୂର୍ଯ୍ୟର, ଆକାଶ ଓ ମହାକାଶର ।
ଦିନଟିଏ ସରିଗଲା ତ ଗଲା
କାହାର ମୁଦ୍ରିକା ପାଣିରେ ହଜିଗଲା ।
ଶବ୍ଦର ଶେଷ ଖିଅଟି
ଏବେ ବି ମୋ ହାତରେ
ପୂର୍ବଦିଗକୁ ମତାଇପାରେ

ରଂଗର ଖେଳରେ।
ଏ ତ ଶବ୍ଦ ଯୋଡ଼ିବାର ପୂର୍ବ ମୁହୂର୍ତ୍ତ
ଥମ ଏକ ନୀରବତା
ଏ ତ ପାଦ ଉଠେଇବାର ପୂର୍ବ ଭାବନା
ଶୀତଳ ନିର୍ଲିପ୍ତତା।
ଜାଣେ, ଆଗକୁ ଆହୁରି ଅଛି
ନୀଡ଼ ନଦୀ ରାସ୍ତାର କିମିଆଁ
ଶିବିର, ଧାଂଗଡ଼ା ନାଚ
କୁହୁଡ଼ି ଓ ନିଆଁ।

ଏବେ ଶବ୍ଦଜ ଦିଶାକୁ
ମୋର ତର୍ଜନୀ ଆଂଗୁଠି
ଏଥର ମୁଁ ଛାଇଠାରୁ
ପାଦ ଉଠାଉଛି।

କାଳିଗାଈ କ୍ଷୀର

ଅନେକ ଦିନ ପରେ ଜାଣିଲି
ମୁଁ ଶବ୍ଦ ନୁହେଁ ନୀରବତା
କୋଳାହଳ ନୁହେଁ ନିର୍ଜନତା
ଆବୁରୁ ଜାବୁରୁ ଗୁଡ଼ିଏ ରେଖା ନୁହେଁ
ସ୍ଥିର ଚକିତ ଏକ ବିନ୍ଦୁ
ପ୍ରଗଲ୍‌ଭ ସଭାକବି ନୁହେଁ
ଧାଡ଼ିଏ ସ୍ତବ୍ଧ କବିତା ।

ଏହା ଜାଣିଗଲା ପରେ କଣ ହେଲା ?
ଇତସ୍ତତଃ ଉଡୁଥିବା ପକ୍ଷୀ
ନୀଡ଼ ଚିହ୍ନି ଫେରିଗଲା ?
ଏବେ ବି ଦେଖ, କଥାମାନ ବିପରୀତ ।
ନୀରବତାକୁ ଆଂଚୁଡ଼ି ବିଦାରି
ଫିଂଗୁଛି ଶବ୍ଦ
ବଧୀର ସଭାଜନଂକ ଓଠ ପାଖରେ
ଟେକି ଧରିଛି କବିତାର ପାନପାତ୍ର ।

କୁହୁକ ଦୀପ ମିଳିଗଲା ପରେ କଣ ହୁଏ
କାହାଣୀ ସରିଯାଏ ?
ଫୁଲଗଛ ମରିଯାଏ ?
ମାଟିର ବୀଜକୁ ତ

ସେମିତି ହକାରୁଥାଂତି
ପାଣି ପବନ ସୂର୍ଯ୍ୟାଲୋକ
ବଡ଼ ମଧୁର କାଳିଗାଇ କ୍ଷୀର
ଝରୁଥାଏ ଯେ ଝରୁଥାଏ ।

ପାଣି ଦେବା ବନ୍ଦ କରନାହିଁ

କଣ ହୋଇଛି ?
ତୁମର ଇପସିତ ଗଛରେ
ଫୁଲ ଫୁଟିଲାନି, ଫଳ ଧରିଲାନି
ନିରୀହ ପକ୍ଷୀମାନେ ଉଡ଼ିଆସିବା ବେଳେ
ଅଠାକାଠିର ପାଶ ବସିଗଲା
ଗୀତ ଆରମ୍ଭ ବେଳକୁ
ତୀର ବାଜିଗଲା ?

ଏବେ କଣ ପାଣି ଦେବା ବନ୍ଦ କରିଦେବ !
ଗୋଟେ ମରୁଭୂମିରେ ଗଛ
ଯୁଦ୍ଧକ୍ଷେତ୍ରରେ ଫୁଲ ଫୁଟିବାର
ସମ୍ଭାବନା ବି ଯଥେଷ୍ଟ ।
କଳସୀ ଭାଂଗିଗଲା ତ
ପଣତ ଭିଜେଇ ଆଣ
ଗଛ ମୂଳରେ ଚିପୁଡ଼ି ଦିଅ
ମହକି ଯାଉ ସୂର୍ଯ୍ୟାଲୋକ
ମାଟି ଓ ପବନ ।

ଫୁଲ ଫୁଟିବା ଫଳ ଧରିବା ଭଳି
ସମ୍ଭାବନାରେ ହେବ ଉଚ୍ଚାଟିତ
ଏଇ ମରୁଭୂମି ଓ ଯୁଦ୍ଧକ୍ଷେତ୍ର ।

ଡାକିବ ପକ୍ଷୀ ଓ ମେଘକୁ
ଦୁଇ ପାଖର ମହାରଥୀଙ୍କୁ
ଭିଜାମାଟିର ଗଂଧ ଶୁଂଘେଇଦେବ ।

ଅନାଗତ ଫୁଲଟିର ଆକସ୍ମିକ ସମ୍ଭାବନାରେ
ଏଠି ଅବଶିଷ୍ଟ ଆୟୁଷ
ପାଣି ନ ମିଳିଲେ
ଆଖି ଚିରି ଲୁହ
ଶିରା ଧମନୀ ଚିପୁଡ଼ି
ରକ୍ତ ଢାଳିଦିଅ ।

ଏକଲା ବାଟୋଇ

ଲୋକଟିଏ ଚାଲିଥାଏ ଅଂଧାରରେ
ମୁଁ ପଚାରିପାରେନା
ତାର ନାମ ଧାମ ଗଂତବ୍ୟ
ଖାଲଖମା ବାଟ ଅବାଟ ନମାନି
କିଏ ସେ ଯାଉଛ ବାଟୋଇ
ତୁମର କଣ ସାଥୀ ଲୋଡ଼ା ନାହିଁ।

ତାକୁ ଡାକିଲେ
ଖୋଲିବାକୁ ପଡ଼ିପାରେ କବାଟ ଝରକା
ତାକୁ ଦରକାର ଥାଇପାରେ କାର ସାନ୍ନିଧ୍ୟ
ମୋର ଏକଲା ଡାକ ଶୁଣି
ମୋ ଘରୁ ମତେ ଟାଣିନେଇପାରେ।
କାଂଥ ଛାତ ଆଲୁଅ ଉଷ୍ମତାର ନିରାପତ୍ତା ଛାଡ଼ି
କିଏ ଯିବ ରାସ୍ତାକୁ
ବର୍ଷା ଅଂଧାର ଅନିଶ୍ଚିତତା ଭୋଗିବାକୁ
ସିଏ ପୁଣି ଅଚିହ୍ନା ଲୋକର ସାଥୀ ହୋଇ
ମୋର କଣ ଲାଜ ଭୟ ନାହିଁ।

ସେ ବେଖାତିର ଭାବେ ପାର ହେଉଥାଏ
ମୋର ତୁମର ସେମାନଂକର ଘର
ଏଂଡୁଡ଼ି ଶ୍ମଶାନ ବରଗଛ
ଗୀର୍ଜା ମସଜିଦ ମଂଦିର।

ଗୋଟେ ନିବୁଜ ବାକ୍ସ ଭିତରେ
ମୋର ଶୃଂଖଳିତ ଦିନମାନ
ଏମିତି ବହିଯାଏ।
କାଳକାଳର ଅଂଧାର ଚିରି
ଏକଲା ବାଟୋଇ
ଚାଲୁଥାଏ ଯେ ଚାଲିଥାଏ।

ଏବେ ତୁମର ପାଳି

ଛୋଟ ଛୋଟ ପକ୍ଷୀମାନେ
ଆମର ଆୟୁଷକୁ ବାଣ୍ଟିକୁଣ୍ଟି ନିଅ
ଟିକିଟିକି ଡେଣାରେ ବୋହିଆଣ ମେଘ, ଚିଠି
କୁନିକୁନି ଚଂଚୁରେ କୁଟାକାଠି।

ଆମର ଘର ବୋଲି କିଛି ନାହିଁ
ତୁମେ କଣ ଗଢ଼ିବ ନାଇଁ ନୀଡ଼
ସେ ଘରର ମୁହଁ ଆକାଶକୁ ହେଉ
କି ମାଟି ଆଡ଼କୁ
ଆମର କିଛି କହିବାର ନାହିଁ।

ଆମେ ଗୋଟେ ଯୁଦ୍ଧକ୍ଷେତ୍ରର ଅଧିବାସୀ
ବାରୁଦ ଧର୍ଷଣ ଶବର ଗଂଧରେ
ଆଣନିଃଶ୍ୱାସୀ ଏଠି ସମୟ
ତୁମେ ଚାଲୁରଖ ସକାଳୁଆ ଗୀତ
ହେଉ ନା ବାୟବୀୟ।

ଆମେ ସବୁ ଅଂଧଲୋକ
ଦେଖିଛୁ ତ ଶତ୍ରୁର ରକ୍ତସ୍ରୋତ
ଆକାଶ ଦେଖିନୁ
ଧାତୁର ଝଣତ୍କାରରେ ଆମେ ସବୁ କାଲ

ବଂଶୀ ଶୁଣିନୁ
ଆମେ ମୂକ ସଭାଜନ
ଫିଂଗିଛୁ ତ ଶବ୍ଦ, କିଳି ଦେଇଛୁ
ପ୍ରତିପକ୍ଷର ମୁହଁ, ଗୀତ ଜାଣିନୁ।

ପକ୍ଷୀମାନେ ଆସ ପାଖକୁ, ଦେଖ
ନିଆଁର ଭୋକିଲା ପାପୁଲି
ଧୀରେ ଆଉଁସି ଦେଉଛି
ଆମର ଆୟୁଷ୍କାଳ, ଯୁଦ୍ଧକ୍ଷେତ୍ର।
ଆହୁରି ଦେଖ
ନିଷିଦ୍ଧ ଆକାଶ ସୀମା ଲଂଘି
ସବୁଜ ଗୁଡ଼ିଟିଏ ଉଡ଼ି ଆସୁଛି।

ଛୋଟ ପକ୍ଷୀ ଛୋଟ ପକ୍ଷୀ
ଏବେ ତୁମର ପାଳି
ଗୀତ ଗାଅ
ତାଳି ବଜାଅ।

ରାସ୍ତାସାରା ଦୃଶ୍ୟ

ରାସ୍ତା କେବେ ସରେ ନାହିଁ
ଲମ୍ବିଥାଉ ବାଟ
ଉପରେ ତ ଆକାଶର ଆଶ୍ୱାସନା
ଉଡ଼ନ୍ତ ପକ୍ଷୀର ସମ୍ଭାବନା ।

ହୁଏତ ରାସ୍ତା ତଳେ
ପ୍ରଚ୍ଛନ୍ନ ଅଛି ଷଡ଼ଯନ୍ତ୍ର
ହୀରାସୁନାର ଖଣି ତଳେ ତଥାପି ତ
ମଣିଷର ମୃତ୍ୟୁଜୟୀ ଅସ୍ତିତ୍ୱ ।

ରାସ୍ତାମୋଡ଼ରେ ଥାଇପାରେ
କୁଷ୍ଠରୋଗୀ ବସ୍ତି
ନିଆଁ ଜଳୁଥିବା ଶିବିର
ନଷ୍ଟକ୍ଷେତ ଓ ପୋଖରୀ ସାରା
ପାଳଭୂତଙ୍କ ସହର ।
ଭେଟିପାରେ ମଧ୍ୟ
ମାନଚିତ୍ରରେ କାଳି ବୋଳିଥିବା
ଉଦ୍ଭ୍ରାନ୍ତ ହାତ ।

ତଥାପି ସ୍ତନବତୀ ପାହାଡ଼ ଥିବ ତ
ଶୋଷିଲା ବାଟ ଶେଷରେ

ନୀଳ ନଦୀର ଧାରା
ଭଂଗାବାଡ଼ ଭିତରେ
ହରଡ଼ ଚଢେଇଂକ ମେଳା ।

ଜଂଗଲର ଶ୍ୟାମଳ ସୋହାଗ
କୋଇଲିଂକ ଗୀତ
ନାମ ଅଜଣା ଫୁଲର ମହକ
ଭିଡ଼ି ନେଇପାରେ ମତେ
ନପଚାରି ମୋର ଜାତିକୁଳଶୀଳ
ଅତୀତ କି ଭବିଷ୍ୟତ
ସେମାନେ କହିପାରଂତି
ମିତ ବସିବ ତ
ଗଛ ତଳେ ବସ ।

ରାସ୍ତା ଭୁଲିଗଲେ ଯାଏ ଆସେନା କିଛି ତ
ଏଇ ତ ମାଁର ପାପୁଲି ପରି
ଆଗରେ ଦିଗଂତ ।

ବିଲ୍ୱମଂଗଳ

ଜାଣିଥିଲି, ଦିନେ ନା ଦିନେ ଡାକିନେବୁ
ତୋର ଡାକ କେମିତି ନା, ଉଚ୍ଛୃଂଖଳ ନଈ
ଦିନରାତି ବାଟଘାଟ ଗୁରୁ ଗଉରବ
କିଛି ମାନେ ନାଇଁ।

ତୋର ଡାକିବା ଆଗରୁ
କେତେ ନିରାପଦରେ କଟୁଥିଲା ରାସ୍ତା
ଖୁଦ ସାଉଁଟୁ ସାଉଁଟୁ, ପାହାଚ ଚଢୁ ଚଢୁ
ସୁରୁଖୁରୁରେ ବିତୁଥିଲା ଜୀବନ
କଉଡ଼ି ଗଣାରେ ରାତି ପାହୁଥିଲା।

ତୁ ହିଁ ମତେ ଡାକିନେଲୁ
ଦେଖାଇଲୁ ଦୂର ନଈ ଜନପଦ ଅରଣ୍ୟ ଆକାଶ
ଶୁଣାଇଲୁ ପକ୍ଷୀ ଗୀତ, ପତ୍ରର ମର୍ମର
ଖୋଲିଦେଲୁ ଆଶ୍ଚର୍ଯ୍ୟ ଭଣ୍ଡାର
ଯା ଭିତରେ ତୁ ଆଉ ମୁଁ ଏକ ଦୃଶ୍ୟ
ନୀଳ ନୀଳ ନିଃସୀମ ଅଂଧାର।
ତୋ ଅରଣ୍ୟରେ ଏତେ ଋତୁ ଏକ ମୁହୂର୍ତ୍ତରେ
ମୋର ଘରେ ସବୁବେଳେ ଘୋର ଗିରିଷମ
ନିଦ ମୋର ଭାଂଗିଯାଏ ଉଷୁମ ଶୀତରେ।

କେଉଁ ମଂତ୍ର ପଢିଲୁ ଯେ
ଘରଡିହ ଉପରେ ମୋ ବିଲୁଆ ଡେଇଁଲା
କୂଅର ଗହୀର ପାଣି ଶୁଖିଶୁଖି ଗଲା
ବାପାମାଆ ଆକାଶରେ ତାରା ହେଇଗଲେ
ବରଗଛ ଛାଇ କାଢିନେଲା ।
କେଉଁ ଫୁଲ ବୁଣିଥିଲୁ ରୁମାଲରେ ମୋର
କେଉଁ ରଂଗ କି ମହକ ଦେଇ ଲେଖିଥିଲୁରେ ପତର
କ୍ଷୋଳ ଶ୍ରାବଣର ନଦୀ ଉଛୁଳିଲା
ମାଟି ଆଉ ଗଛ, ଛାତ ଓ ଆକାଶ
ସବୁକୁ ଭସେଇ ନେଇ ମତେ ହିଁ ଡାକିଲା ।

ମୁଁ ଆଉ ମୁଁ ହେଇନାହିଁ
ମୋ ରକ୍ତରେ ଗତି ନାହିଁ, ମାଂସରେ ଉଷ୍ମତା
ମୋ ଚର୍ମରେ ସ୍ପର୍ଶ ନାହିଁ, ମୋ ଆଖିରେ ଦୃଶ୍ୟ
ମୁଁ ଏବେ ଶବ ନୁହେଁ ତ କଣ
ଆଲୁଅ ଅଂଧାର ସ୍ରୋତ ଆଉ କୂଳର
ତଫାତ ବାରିପାରୁନି
ମୁଁ ଏବେ ଅଂଧ ନୁହେଁ ତ କଣ ।
ତୋ ଦେହର ଏତେ ତାପ
ହେମାଳ ନଈରେ ମୋର ଖଣ୍ଡ ଖଣ୍ଡ ମାଂସ ଝଡ଼ିପଡ଼େ
ମୁକୁଳାଇ ଦେଇଛୁ କି କଟୀକୁ କୁଂତଳ
ପଚମାନ ଇଲାକାରେ ମୋର ସମୟ ମହକି ଯାଏ ।

ମହାମାନ୍ୟ ଆଦେଶରେ ଏବେ ରାତି
ତୋର ସାମ୍ରାଜ୍ୟରେ
ମୋର ପ୍ରବେଶ ନିଷେଧ ।
ମାଳମାଳ ସାପର ପହରା ଭିତରେ ତୋର ଘର
ସିଂହଦ୍ୱାରେ ଅହିରାଜ, ମଧୁଶାଳା ଜଗେ ମଣିନାଗ
ଚଂଦ୍ରଶାଳାପୁରେ ତୋର ମାତେ ଚଂଦ୍ରଚୂଡ଼ ।

ମୋର ଭାଗ୍ୟ ଦେଖ ତ
ଏକାଧାରେ ଅଂଧ ମୂକ ଓ ବଧୀର
ଧୀରେ ଭେଦି ଯାଉଛି ତୋର ସର୍ପବ୍ୟୂହ
ପଦ୍ମତୋଳା ମତେ ଅଗୋଚର।

ନିତି କଣ ସାପର ଶେଯରେ
ତୋର ଅନଂତ ଶୟନ
ଯା ଫୁଁଫୁଁକାରରେ ମୁଁ ଡେଇଁଆସେ
ଏତେ ଜନପଦ, ନଦୀ ଓ ପର୍ବତ
ତୋ ଉଦ୍ଧତ ପାଦତଳେ ନତଜାନୁ ହୁଏ
ଟପି ଏତେ ଯୋଜନ ଯୋଜନ।

ଏଇ ମୁଁ ଛୁଇଁଲି ତୋର ପାଦ
ମୁଁ ଜାଣିଲି ସ୍ପର୍ଶ ଅନୁଭବ
ମୋ ଦୃଷ୍ଟିର ଶୂନ୍ୟଥାଳ
ପ୍ରସାରିଲି ଦରବାରେ ତୋର
ମୁଁ ଦେଖିଲି ସର୍ବପ୍ରଥମ
ଓ ସବାଶେଷ ଦୃଶ୍ୟ।

ମୁଁ କଣ ଏବେ ଜନ୍ମ ହେଲି।
ଜଳି ଯା କହିଲୁ ଯେ ଭସ୍ମ ହେଇଗଲି
ଲିଭି ଯା କହିଲୁ ଯେ, ବରଫ ପାଲଟିଲି
ତୁ ହିଁ କଣ ମୋର ଭିତରେ ବାହାରେ ଘେରା
ଝଟଝଟ କନକ ଅଂଧାର
ଏଇ ତୋର ନଦୀ ଓ ଆକାଶ
ଶବ ଆଉ ସାପର ଅଂତପୁର
ଯା ଭିତରେ କଣ ମୋର
ଜୀବନ ଓ ମୋକ୍ଷ
ପୌରୁଷର ନିତ୍ୟ ଅଭିସାର।

ଅଭିସାର

ଏବେ ତୁମ ପାଖକୁ ଯାଉଛି
ପବନଠୁ ମାଗିଛି ଡେଣା
ଆକାଶକୁ ରାସ୍ତା
ଦିଗଂତକୁ ଦୃଶ୍ୟ ମାଗିଛି
ସୂର୍ଯ୍ୟକୁ ଉଜ୍ଜ୍ୱଳତା ।
ଏମିତି ହେଇପାରେ
ଡେଣା ତରଳି ଯାଇପାରେ
ତୁମ ଉତ୍ତାପରେ
ଦୃଶ୍ୟ ଅଂଧ ହେଇପାରେ
ତୁମେମୟ ମହାଦୃଶ୍ୟରେ
ପଥ ଫେରାର ହେଇପାରେ
ତୁମ ନାଭିକେଂଦ୍ରରେ
ମୁଁ ମ୍ଳାନ ଦିଶିପାରେ
ବିଦାୟ ଉଚ୍ଚାରିବା ବେଳେ ।

ହେଲେ ଏସବୁ ଅଘଟଣ ସିନା
ଘଟିପାରେ ଫେରିବା ବେଳରେ
ଏବେ ତ ମୁଁ ରୁଣୁଝୁଣୁ ଚୂଡ଼ି
ଛମଛମ ପାଉଁଜି
ହମ ହମ ନଦୀ
ଏବେ ତୁମ ପାଖକୁ ଯାଉଛି ।

ବେଳକାଳର କଥା

ମୁହଁର ଅମୃତ ଟିକ
ବିଷ ନ ହେଉଣୁ ଶୋଷି ନେବୁ ଝିଅ
କିଏ ଜାଣେ ବିଂଦୁବିଂଦୁ ଶୋଷି
କେତେବେଳେ ଅମୃତର ସିଂଧୁ ହେଇଯିବୁ
କଳସୀ କଳସୀ ବିଷ
ହସି ହସି ସୁଧା କରିଦେବୁ।

କେହି ଜଳ ବୋଲି
ମରୀଚିକାର ଠିକଣା
ଦେଲେ ବି ଧାଇଁଯିବୁ
ଅଂତରଂଗ ବିଶ୍ୱାସରେ କାଳେ
ଫଲ୍ଗୁ ମାଟି ଭେଦିଯାଏ
ଅଦିନ ମେଘ ବାଟ ଭୁଲି
ଆସି ବର୍ଷିଯାଏ।

ବେଳକାଳ ଏମିତି ଆସେ
ସୁକୁମାରୀ ଇଚ୍ଛାଂକୁ
ମୁହଁ ଦେଖାଇବାକୁ ଲାଜ ଲାଗେ
ଆତୁର ସ୍ୱପ୍ନଂକୁ କହିବାକୁ ହୁଏ,
ରାତି ଆହୁରି ବାକି।

ନିତ୍ୟ ନୂତନ ଋତୁମତୀ ଇଚ୍ଛାମାନଂକୁ
ଦରଜା ମନା କରିବୁନି ଝିଅ

ସ୍ୱପ୍ନମାନଂକୁ ସକାଳ ଆସିବା ଯାଏ
ସାତ ରାତି ହେଉ କି ଶହେ ରାତି
ଫଳ ପୁଷ୍ପବତୀ ହେବାକୁ ଦେବୁ।

କିଏ ଜାଣେ କେତେବେଳେ
ଆରମ୍ଭ ହେଇଯିବ ବର୍ଷା
ସେ ତ ବେଳକାଳର କଥା।

ଖୁସି

ମୁଁ କାହିଁକି ଖୁସି ହୁଏ
ପକ୍ଷୀ ଇପସିତ ଡାଳ ଖୋଜି ପାଇଲେ
ଦୀର୍ଘଦିନର ପ୍ରତୀକ୍ଷା ପରେ
ପଡ଼ୋଶିନୀର ବଂଧୁ ଆସିଲେ
ନିରର୍ଥକ ଖୋଲାଥିବା ଦରଜା
ଉଦ୍ଦେଶ୍ୟମୂଳକ ଭାବେ ବଂଦ ହେଇଗଲେ।

ଦିନରାତିମାନେ ଯଥାକ୍ରମେ ଆସି
ଖୋଲି ଦିଅଂତି, ବଂଦ କରଂତି
ମୋର କବାଟ ଝରକା
ମୋର ଖୁସି ହେବାର କଣ ଅଛି
ଦୂର ଦେଶୀ କାକ
ପଡ଼ୋଶିନୀର ଅଗଣାରେ
ଆଲୁଅର ଖୁଦ ଖାଉଥିଲେ
ସର୍ପବେଶା ରାତିମାନେ
ଖୋଲା ପବନରେ ଖେଳି ବାହାରିଲେ।

ଅଥଚ ପଡ଼ୋଶିନୀର ବଂଦ ଝର୍କା ପାଖରେ
ମତେ ହିଁ କହିଦେବାକୁ ହୁଏ
ତା ବଂଧୁ ଆଗମନର ଖବର

ଗଛରେ ପାଣି ଦେବାକୁ ହୁଏ
ସେ ଦୂରଂତ ପକ୍ଷୀ ପାଇଁ
ସାରା ଗ୍ରୀଷ୍ମକାଳ।

ଏଥିରେ ଖୁସି ହେବାର କଣ ଅଛି
ଅଥଚ ମୁଁ ଖୁସି ହୁଏ।

ମେଳା ଫେରନ୍ତା

ମୁଁ ଏବେ ଖାଲି ପ୍ରାର୍ଥନା କରିପାରେ
କାହାରି ପ୍ରତୀକ୍ଷା ବ୍ୟର୍ଥ ନହେଉ
ନିଦ ଭାଂଗି ଅଂଧାର ଉଠୁ
ନିଜ ଘରର ବତୀ ଜଳାଉ
ଠିକ ସମୟରେ ସ୍କୁଲ ଘଣ୍ଟା ବାଜୁ
ସମସ୍ତେ ନିଜ ନିଜ ମାଆର କୋଳ
ଖୋଜି ପାଆଂତୁ
ନାଚିବା ପାଇଁ ଶିଶୁ ପ୍ରଶସ୍ତ ଅଗଣା ପାଉ।

ଏବେ ଭଂଗାମେଳାରୁ ମୁଁ ଫେରୁଛି
ଏତିକି ପ୍ରାର୍ଥନା ଛଡ଼ା
ଆଉ କଣ କରିପାରେ ଯେ
ଭାଂଗି ଯାଇଥିବା ସବୁ ଘର ତୋଳାଯାଉ।

ଶୀତଋତୁର ଦୀର୍ଘ ଗଛ ତଳେ
ମୁଁ ବସିଛି
ଏହାଛଡ଼ା କି ପ୍ରାର୍ଥନା କରିପାରେ ଯେ
ଝରିଯାଇଥିବା ପତ୍ରମାନେ
ଏ ଗଛ ତଳେ ହେଉ
ବା ପବନ ସହିତ କିଛି ଦୂର ଯାଇ ହେଉ
ଘନକଳା ମାଟି ସହ
ନିବିଡ଼ ଭାବେ ସଂଶ୍ଳିଷ୍ଟ ହୋଇଯାଂତୁ
ଗାଢ ସବୁଜ ପତ୍ର ଜନ୍ମ ନେଉ।

ଛୋଟ ଝିଅ

ଛୋଟ ଦୁଃଖ ଛୋଟ ସୁଖରେ ଗଢା
ଛୋଟ ଝିଅରେ ମୋର
କେଉଁ ଦୁଃଖରେ ସାଦା କାଗଜ ଆଗରେ
ମୁହଁ ପୋତି ବସିଛୁ।

କିଚିରି ମିଚିରି ଇଚ୍ଛାଂକୁ ପକ୍ଷୀ କରି
ଉଡ଼ାଇଲୁ ଦୂର ଦିଗଂତକୁ
ତୋ ଭଳି ସେ ଟିକି ଝିଅକୁ
କେଉଁ ଦୁଃଖରେ ଘରୁ କାଢି
ରାସ୍ତାରେ ଠିଆ କଲୁ।

ପ୍ଲାଟଫର୍ମ କଣ ଏତେ ନିଛାଟିଆ ଥାଏ
ଏତେ ଅନାଥ ଦିଶେ ଶିଶୁଂକର ମୁହଁ
ଆକାଶ ବର୍ଣ୍ଣର ନିର୍ଜନତା କଣ ଏତେ ଗାଢ ଥାଏ।

ଯେତେ ପ୍ରଜାପତି ଥିଲେ
ଆଣି ଛାଡ଼ିଦେଲି ତୋ ବଗିଚାରେ
ତୁ ତ କାହା ପଛରେ ବି ଦୌଡୁନାହିଁ।
ପଡ଼ୋଶୀ ଘରର ଦୁଃଖ ନେଇ
ଚିତ୍ରେଇଲୁ ରଫ ଖାତା ସାରା
ଗଛର ଦେହମାନ ଭର୍ତ୍ତି କଲୁ
ଘନ କଳା ଶୂନ୍ୟ କୋରଡ଼ରେ

କେଉଁ ଅରଣ୍ୟର ଚିତ୍ର ଆଂକୁଛୁ
ଛୋଟ ଝିଅରେ ମୋର
ଏତେ ବଡ଼ ଘର ମୋର
ତତେ କୁଳେଇଲା ନାହିଁ।

ବୀଜବପନ

ମୁଠା ଖୋଲି
ରାସ୍ତାସାରା
ବୀଜ ବୁଣିଗଲି ।

କିଛି ଉର୍ବର ଜମିରେ ପଡ଼ିଲା
କିଛି ଟାଂଗରା ଭୂଇଁରେ
ପଂକରେ ପଡ଼ି କିଛି ପଚିଲା
କିଛି ବହିଗଲା ଜଳସ୍ରୋତରେ ।
ଖାଦ୍ୟ ଭାବି କିଛି ବୀଜ ନେଇଗଲେ ପକ୍ଷୀ
ଖୁବ ହାଲୁକା ଦେଖି
କିଛି ପବନ ଉଡ଼େଇନେଲା ।

ମୁଁ ହିସାବ ରଖିଲି ନାହିଁ
କେଇ ମୁଠା ବୀଜରୁ
ଗଛ ଜନ୍ମିଲା
କେମିତି ରଂଗର ଫୁଲ ଫୁଟିଲା
କେଉଁ ସ୍ୱାଦର ଫଳ ଫଳିଲା
ଛୋଟ ଛୋଟ ବୁଦା ହେଲା
ନା ଘଂଚ ଛାୟାବଂତ ମହୀରୁହ ହେଲା ।

ମୁଁ ଖାଲି ଗୋଟିଏ କାମ ପ୍ରତି
ବିଶ୍ୱସ୍ତ ଥିଲି
ମୁଠା ଖାଲି ହେବା ଯାଏ
ସାରା ରାସ୍ତା ବୀଜ ବୁଣିଗଲି ।

ବୀଣାପାଣିଙ୍କ ଅନ୍ୟାନ୍ୟ ସୃଷ୍ଟି

BLACK EAGLE BOOKS

www.blackeaglebooks.org
info@blackeaglebooks.org

Black Eagle Books, an independent publisher, was founded as a nonprofit organization in April, 2019. It is our mission to connect and engage the Indian diaspora and the world at large with the best of works of world literature published on a collaborative platform, with special emphasis on foregrounding Contemporary Classics and New Writing.

www.ingramcontent.com/pod-product-compliance
Lightning Source LLC
Chambersburg PA
CBHW060610080526
44585CB00013B/763
9781645604631